雅安生态文化旅游系列

雅安传统村落

中国人民政治协商会议雅安市委员会 编著

西南交通大学出版社
·成 都·

图书在版编目（C I P）数据

雅安传统村落 / 中国人民政治协商会议雅安市委员会编著. -- 成都：西南交通大学出版社，2023.11
ISBN 978-7-5643-9579-7

Ⅰ. ①雅… Ⅱ. ①中… Ⅲ. ①村落 – 保护 – 研究 – 雅安 Ⅳ. ①K927.15

中国国家版本馆 CIP 数据核字（2023）第 225705 号

Yaan Chuantong Cunluo

雅安传统村落

中国人民政治协商会议雅安市委员会 / **编著**

责任编辑 / 赵永铭
策划设计 / 雅安雅文文化传播有限公司
封面设计 / 原谋书装

西南交通大学出版社出版发行
（四川省成都市金牛区二环路北一段 111 号西南交通大学创新大厦 21 楼　610031）
营销部电话：028-87600564　028-87600533
网址：http://www.xnjdcbs.com
印刷：四川玖艺呈现印刷有限公司

成品尺寸　210 mm × 285 mm
印张　11.75　　字数　262 千
版次　2023 年 11 月第 1 版　　印次　2023 年 11 月第 1 次

书号　ISBN 978-7-5643-9579-7
定价　168.00 元

《雅安传统村落》

编　　著　中国人民政治协商会议雅安市委员会
协　　编　雅安市住房和城乡建设局

编辑部

主　　编　李景峰
副 主 编　陈　俊
执行主编　张雪梅　杨明江
撰　　稿　张雪梅　杨明江　周万任
编　　务　刘江敏　康元松　叶　雪　杨本庶　卫　毅
　　　　　陈宣明　苟　宏　张　琼　耿俊杰　邓正凡
　　　　　张福华　郑　河　陈春芽　万志杰　罗永建
　　　　　龚　勇　杨　剑　陈国芳　杨　永　魏晓峰
　　　　　黄　继　王　敏　王晓波　沈永华　山　川

审图号：川 S[2023] 16001 号

郑丛伟 / 制图

序　言

中国自古以农立国，农业文明是中华文明的根脉，传统村落则是农业文明的载体，丰富多彩的农业文明大多以各种形态、各种组合融合于村落。可以说，传统村落镌刻着农业、农村和农民发展的历史印记，积淀了数千年的农耕精华，是认识和传承中华农业文明的重要物质基础。

在中国传统村落中，安徽的宏村和西递被列入《世界遗产名录》，他们是中国的画里乡村，也是古民居建筑的宝库；在传统村落建筑中，从北方四合院，到徽州民居，从福建的土楼，到布依族的石板房，无不彰显着中国古建筑的博大和精美；而融合于村落中的农耕文化、生产生活技艺、民风民俗，更是源远流长，百代传承。

雅安自旧石器时代晚期便有人类居住，大渡河、青衣江孕育的富林文化和沙溪遗址，是雅安先民生产生活的聚落。从原始的人类聚落，到如今的社会主义新农村，村落这一人类定居的形态，在雅安都得到了充足的发展，并形成了丰厚的文化；不同的民族在不同的历史时期和自然环境中创造了多彩的传统村落，有“罗丘秀萃二水环抱、联川进藏茶马古驿”的水墨上里，也有兼具“戍边卫所商贸之功绩、历有九街十八巷之繁华”的清溪古城；有地处天然漏斗之内如世外桃源般静谧的围塔村，也有古寺环绕茶园拥翠的蒙山村；有夹金山下歌舞竞盛的嘉绒藏族村落，也有大山之巅尔苏木雅藏族聚居的石头寨子“云中仙堡”，峡谷绝壁之上的“悬崖村庄”。

然而，由于区域自然地理条件、经济发展水平、社会文化背景以及城镇化发展水平等多种因素的影响，造成各地传统村落留存状态差异巨大，特别是自然的坍塌损毁、战争的破坏、人为的盗取，以及现代化使用需求的拆除，造成传统村落不断减少，传统村落所承载的多元价值和多样文化逐渐消亡，令我们感到惋惜。雅安的传统村落，历经千百年的风雨洗礼，也受到了不同程度的损毁，对它们的保护和利用已是当务之急。

因此，对雅安传统村落进行系统挖掘、记录和梳理，既是宣传雅安历史文化、农业文明的重要形式，是留存传统村落记忆的重要途径，也是开展雅安传统村落研究、保护与利用工作的基础。

为此，雅安市政协组织编撰了《雅安传统村落》一书。

我们坚持，把《雅安传统村落》编撰成一本留存雅安村落发展历史的书，并通过雅安传统村落的发展历程，管窥雅安经济社会发展的进程。

我们坚信，《雅安传统村落》是一本传承雅安传统文化的书，我们通过有限的文字和图片，极力留下雅安先民建村的智慧，留下精美的建筑和多彩的民俗文化。

我们也希望，《雅安传统村落》是一本守护雅安人精神家园的书，村外的田园小丘、山川河湖，记录着祖辈们日出而作、稼穑收获的艰辛与快乐，古镇的街巷店铺承载着曾经的繁华和喧嚣，精致纯美的四合大院、古朴简洁的乡村农舍，仍然飘荡着爷爷奶奶的慈祥；以至于古朴的石头房子，都还能让人感受到火塘的余温，更有那并不宽阔的广场，是节日里歌舞竞技的欢乐场……

历史的车轮滚滚向前，而今的传统村落，在经历千百年历史风雨的洗礼后，迎来了乡村振兴和新农村建设大好时机。习近平总书记强调，新农村建设一定要注意乡土味道，保留乡村风貌，留得住青山绿水，记得住乡愁。雅安市正在加快建设川藏铁路第一城、绿色发展示范市。我们认为，绿水青山，是人类长久生存的依托和基础；乡愁，是乡土文化和农耕文明的珍贵记忆；传统村落，则是其最为厚重、坚实的载体。我们坚信，传统村落，必将在新时代得到更好的保护利用，其承载的优秀传统文化，必将绽放出更加绚丽的光彩。

雅安市政协文史资料编委会

雅安生态文化旅游系列编委会

2023年11月

目 录

荥经县新添村新添古镇　朱含雄 / 摄

雅安传统村落漫谈

传统村落是散落在大地的恬静音符，是喧嚣社会中的世外桃源，白墙黛瓦、宽街窄巷，无不让人陶醉其中；古老的宅院、精美的门楼，仍然彰显着旧时显贵；依山傍水、田园小丘，将古村缠绕在一片灵动之中……

如果说古老宅院、宽街窄巷、庙宇碑坊是传统村落的“形”，那么，历史文化、民风民俗就是传统村落的“魂”。借编撰《雅安传统村落》一书之契机，我们一起，走进雅安传统村落，观赏其“形”，漫谈其“魂”。

雅安传统村落的基本情况

传统村落，原名古村落，多指民国以前所建的村落。2012年4月，住房和城乡建设部、文化部、国家文物局、财政部联合下发的《关于开展传统村落调查的通知》（建村〔2012〕58号）将传统村落界定为“村落形成较早，拥有较丰富的传统资源，具有一定历史、文化、科学、艺术、社会、经济价值，应予以保护的村落”。2012年9月，传统村落保护和发展专家委员会决定将习惯称谓“古村落”统一改为“传统村落”，泛指保留了较大历史沿革，即建筑环境、建筑风貌、村落选址未有大的变动，具有独特民俗民风，至今仍为人们服务的村落，以突出其文明价值及传承意义。

雅安历史悠久，文化底蕴深厚，素有“川西咽喉”“民族走廊”之称。自住建部、财政部、文化部、国家文物局联合启动全国传统村落调查工作以来，雅安市积极开展传统村落的申报和保护利用工作。截至2022年年底，雅安市先后五批次申请，共有48个村落被列为四川省传统村落，其中21个传统村落被列为中国传统村落。

21个中国传统村落是：雨城区上里镇五家村、上里镇四家村、望鱼镇望鱼村、碧峰峡镇后盐村、草坝镇范山村、晏场镇大里村，名山区中峰镇朱场村，天全县小河镇红星村，芦山县飞仙关镇飞仙村、龙门镇古城村，宝兴县硗碛藏族乡夹拉村和平藏寨，荥经县新添镇新添村、花滩镇齐心村，汉源县九襄镇民主村、清溪镇富民村、宜东镇天罡村、永利彝族乡古路村，石棉县蟹螺藏族乡猛种村猛种堡子、猛种村木耳堡子、猛种村俄足堡子、蟹螺藏族乡江坝村蟹螺堡子。

其他27个四川传统村落分别是：雨城区晏场镇许桥村、八步镇观化村，名山区蒙顶山镇蒙山村、万古镇红草村、黑竹镇鹤林村，天全县仁义镇小落村、新场镇前阳村、思经镇青元村、思经镇黍子村、始阳镇苏家村，芦山县双石镇围塔村、双石镇双河村、太平镇胜利村、宝盛乡玉溪村、芦阳街道大同村、大川镇小河村，宝兴县硗碛藏族乡夹金山村、硗碛藏族乡嘎日村、跷碛藏族乡咎落村，荥经县严道街道古城村、荥河镇王家村、牛背山镇建政村、安靖乡崃麓村、民建彝族乡建乐村、宝峰彝族乡田坝村，汉源县河南乡平等村，石棉县蟹螺藏族乡大湾村银锭虎堡子。

雅安传统村落的形成与演变

早期的村落，是以聚落的形态而存在的。

雅安境内有人类活动的历史可以追溯到大渡河流域旧石器时代晚期的富林文化。青衣江流域新石器时代的沙溪遗址，也是雅安典型的早期聚落形态。

秦灭蜀后，置严道县，治所在今荥经县古城村。这里最早还是楚人建立的岷山王国，也是开明蜀国的铜器、牦牛、笮马贸易的中心。古严道城不仅是南方丝绸之路上的重要驿站和贸易集散地，又是抵御西南夷的军事要塞和桥头堡。在荥经县严道街道古城村，砂器制作技艺已经有2000多年的历史。

汉源县大渡河流域的麦坪村遗址，专家确认，这是一处大型的商周时期聚落遗址。

麦坪村遗址附近的大地头遗址，是目前考古所见秦汉时期山地村落的典型代表，出土有汉代房基12处，虽未见农业生产工具，但专家认为，这里可能并非农耕性质的聚落，而不排除是一处服务商业交往的交通型聚落遗址，因为它正处于汉代南方丝绸之路的繁荣区。

“村”这一概念在东汉时开始出现，魏晋南北朝时期，“村”被运用至郊野聚落的命名之中，到了唐代普遍使用。唐宋时期，雅安乡村也得到了较好的发展，因茶马互市而形成的茶马古道，串起了雅安的传统村落。雨城区上里镇五家村、名山区中峰镇朱场村、天全县小河镇红星村、汉源县清溪镇富民村、汉源县宜东镇天罡村，都是茶马古道上的重要驿站，曾经人声鼎沸、商旅如织、热闹非凡。清溪镇富民村为历代县治之所，村内清溪古城，隋朝仁寿四年（公元604年），新置汉源县，州县并置清溪，为清溪古城建城之始，唐时便初具规模。天全县小河镇红星村，小地名甘溪坡。据《天全县志》记载，唐代时，“甘溪坡是西出碉门（天全县古关口）的第一驿站”。

元明清时期，中国出现了几次大的移民潮，其中，元末明初的“湖广填四川”在雅安多有反映。雨城区上里镇五家村，“湖广填四川”再次吸引了一定人口来此定居，进一步扩大了五家村作为上里古镇中心的规模和规格。雨城区晏场镇大里村，湖广商人入蜀经商，在此安居乐业，扩村建宅。雨城区草坝镇范山村村史记载，范家第一始祖范自贵，是明朝授予的千户长，朝廷调湖、广两省人口入居四川，范家在迁至四川彭州后再迁至名山，后继居现雨城区范家塘，后辈创业于现在的范山村。汉源县九襄镇民主村陈家大院主人陈笃生手书的大门盈联，“相岭维峻，呈秀于前，回头顾祖，望儿孙慎终追远，勿忘闽海；大渡澄波，旋绕在后，白手兴家，教子弟积厚流光，允式黎源”“勿忘闽海”的教诲，可以看出，陈家先祖迁自福建。

明朝的军事发展与戍边，又一次促进了村落的发展。明朝时期，汉源有七姓九所来此戍边，设有黎州千户所和大渡河千户所，清康熙年间，合为黎大所，所治设汉源街（现九襄镇民主村）。曾作为戍边卫所的九襄、清溪等治所，进一步修固城墙门楼、设置兵营、官店。清溪镇富民村的清溪古城，村落形成有1500多年的历史，郡、州、县设治时间长达1346年，其形成、发展、完善均与军事、商业和政治都有着紧密的关系。芦山县飞仙关村，在明末清初，已形成上千人的聚居点，村落发展到鼎盛时期有100户人家。

元明清时期的经济社会发展和人口的增长，促进了雅安乡村的数量和规模快速发展。据乾隆四年（1739年）《雅州府志》卷三“乡里”部分记载，雅安县（附郭）有47里5场。从《雅州府志》“乡里”部分的记载来看，乡下设里、场、坝、党、堡、村，都相当于现在的

背山临涧，易守难攻的古城选址。威尔逊摄于1908年 李依凡/供图

村，但先秦至清对村落的称谓和本土地名并用，村、里、场、堡、党、屯、坝、头、坪等称谓均现于其中，如上里头、城后坝、永兴场、多营坪、贷宗堡、车岭镇、官屯、多功村等，且一些村名现在仍在使用。《雅州府志》卷四“赋役”部分，可略看当时的人口状况，雅州府属有人丁10120丁，天全州有“承粮花户高恩普等3253户”，清溪县“新旧承粮花户姜勋然等658户”。

近现代以来，雅安传统村落在中国近现代社会发展的大背景下，兴衰沉浮，悲喜交集。保存至今的传统村落，或随社会发展的大潮，寻求转型新生，汇入时代发展的大潮；或在坚守中终得云开日出，在稍事梳妆打扮后，如世外桃源般成为都市人旅游休闲的好去处；也有跟不上社会发展步伐而遗落山野，人去村空，落寞寂廖于山间林丛。

雅安传统村落的环境与布局

雅安传统村落的环境和布局，我们大致分为三种类型。

一类是位于乡镇或乡镇附近的村落，其环境和布局与地理特征和区位关系有紧密的联系。

雨城区上里镇五家村，地处“罗丘秀萃二水环抱之地”，是“联川进藏茶马古道之驿”，是历史上南方丝绸之路和茶马古道的重要驿站，主要街道呈井字形，街巷格局完整，大街、小巷、商铺、大院、民居、广场、戏楼、牌坊、小桥、流水、泉井、古塔、碑刻、石墓等建筑门类齐备，村落依山傍水，田园小丘，石板铺路，木屋为舍，古风宛然。

清溪古城背倚大相岭，位于高山河谷地带，三临绝涧，易守难攻，四周田园相间。村落内部呈“井”字形布局，其鼎盛时期（清代），城内有9街18巷，文、武衙署、学署、考棚、文庙、祠宇等28座，牌坊、楼、亭18座，大小旅店30余家。

芦山县飞仙村，地处芦山、雨城、天全三县（区）交界，境内三江交融三道交汇，小地名又叫飞仙关，素有“川藏线上第一关”美誉。建筑主要沿道路、水系、农田分布形成连片发散，现存古村落形成了张家大院、姚家大院、二郎庙等多位中心，组织有序的空间结构。

另一类是位于郊野或山区的村落，往往结合地理条件，村落房舍融于大自然之中，与山水田园构成一处处和谐的生态环境，几亩薄田映衬出依山而筑、沿河而建的几户人家，或有效利用平坦的地势或顺山建成聚集型小村落，没有过多的规矩，重要的是更好地结合自然来安排家园。芦山县双石镇围塔村，位于一个巨大的“天坑”之内，渐缓的山坡间分布着山溪、梯田、茶园、林地、池渠，鸡鸣犬吠，俨如“世外桃源”。

宝兴县夹金山村，是一个典型的半农半牧型村落，民居选址多位于坡度平缓，采光良好，视野开阔，接近水源和耕地的地方。由于地形复杂，夹金山村藏式民居多是三五家聚居或一家独处，成散点式布局。

还有那些因避战乱或民族迁徙，寻得安息之地，在村落的选址和布局上注重防御，求得安身立命的小村落。

散点式布局的宝兴硗碛藏族村寨

典型的如石棉县木雅藏族俄足堡子，选址在高山上的一块地势平缓的坝子。汉源县永利彝族乡古路村，位于大渡河大峡谷核心地段的悬崖绝壁上，又被称为“悬崖上的村庄”。彝族先辈为躲避异族追杀，逃亡至此，安家扎寨，繁衍生息。

雅安传统村落的建筑

我们把雅安传统村落建筑风格简单分为四大类：一是传统的川西民居式建筑；二是古朴的乡村农舍；三是民族特色建筑；四是其他类建筑。由于战乱、灾害及自然损毁等，雅安现存的传统村落建筑多为清代和民国时期建造，近代随着经济社会发展、城镇化进程的加速，部分建筑进行了改造、修缮，在保留原有风貌的基础上，融合了现代化的元素。

雅安集镇式的传统村落和部分散布于村野的富户宅院，其建筑风格主要是川派风格中的川西民居类，主要为店居型和宅院型布局。

首先，它体现在住宅布局中，“外封闭、内开敞、大出檐、小天井、高勒脚、冷摊瓦”，“小青瓦、坡屋顶、人字水”是最典型的特征，这是根据雅安多雨、潮湿、日照少的气候条件而形成的共同特征，也是川西民居2000多年来，在多数地域一直延续下来的一种固有模式。传统民居平面常用的有一字形、凹字形、三合院、四合院。立面和平面布局灵活多变，对称要求并不十分严格。院内或屋后常有通风天井，形成良好的“穿堂风”，并用檐廊或柱廊来联系各个房间，灵巧地组成街坊。最大规模民居为四水归堂，也叫四合院。荥经县花滩镇齐心村，有“七星抱月”民居，以一个大天井居中，若干个小天井对称布置于大天井周围。上里镇韩家大院也是“七星抱月”式布局，有三大四小七个天井。

荥经县齐心村李家大院“七星抱月”式布局 段平武 / 摄

其次，这种风格表现在建筑造型上是轻盈精巧。为适应炎热潮湿的气候，民宅建筑多为穿斗木结构，斜坡顶、薄封檐，开敞通透，轻巧自如。建筑的梁柱断面较小，外墙体的高勒脚、半桩台，室内加木地板架空等。

朱场村高家大院的大出檐 李九一 / 摄

石板高勒脚，木板墙和夹壁墙并用（飞仙村） 李年龙 / 摄

第三，雅安传统村落川西民居的飘逸风格，表现在建筑色彩上是朴素淡雅。雅安植被较好，四季常青，民居的建筑色彩十分朴素，瓦为青色，墙为白色或灰砖色，也有用木墙，不上色不染漆，梁柱为茶褐色、门窗多为棕色（或木料本色）。

第四，雅安传统村落的民居仍然讲究天人合一自然观与环境观，沿山而行、顺江而建、随弯就弯；筑台为基、吊脚为楼、顺坡造房。这是根据雅安山多水多的特点，克服不利地形因素，巧妙利用自然条件，创造良好生活空间的一项“绝活”。民居建筑普遍采用台、吊、挑、拖、坡、梭、错等多种手法。用材因地制宜、就地取材，因材设计。建材以木、石灰、青砖、青瓦为主。墙有砖墙、土墙、石块（石板）墙、木墙（木板或原木）、编夹壁墙等。屋顶多用小青瓦，也有谷草、石板瓦等。这些就地取用的材料，既经济节约，又与环境十分协调。

第五，雅安传统村落的民居，尤其是商贸重镇、乡野富户的民居，做工精致考究，主要体现在门窗格扇、罩、挂落、挑枋、撑栱、带瓜柱、柱础等施雕部位广，木雕、石雕、砖雕、泥雕、泥塑工艺精湛，雕刻手法上有平雕、圆雕、镂空雕、镶嵌雕等，雕刻内容上多采用福禄寿喜、琴棋书画、吉祥如意、动物花草、历史人物、戏剧故事等题材，设计精美、造型鲜明、线条流畅、图案繁复，有很高的艺术价值，也体现出雅安深厚的文化底蕴。

芦山县胜利村顺湾就湾，顺坡就势 何斌 / 摄

围塔村程家大院筑台为基 李年龙 / 摄

草坝镇范山村范家院子撑拱和雕花 李依凡／摄

天罡村木雕窗花 王主玉／摄

韩家大院木雕 李依凡／摄

四家村石雕柱础 李依凡／摄

小河村雍家古墓雕刻 李年龙／摄

古朴的乡村农舍主要分布在山野田间，村民以农耕为主要生产生活方式，房在田间，田在舍周，农耕和居住都十分方便。这类建筑传承了人类早期干栏式、井干式建筑特色，也有吊脚楼、碉房等类型，又随经济社会的发展而改进。雨城区大里村，建筑以传统青瓦大木架结构为主，古朴大气。汉源县天罡村采用干打垒建筑墙面，在结构上以木结构为主，采用穿斗式木构架。芦山县围塔村、胜利村农舍，支柱、梁架、墙壁、栏杆，均采用由原木制成柱、板、条等多种形状和规格的建材，古朴自然，经济实用。

芦山县胜利村古朴的山村农舍 李年龙／摄

另有民族特色的建筑，主要体现在石棉县、宝兴县的藏式建筑，两者又各具特色。

宝兴县的嘉绒藏族，村寨多依山而建，座落在通风向阳的山梁缓坡上，与蓝天白云，青山绿水相映衬。造型错落有致，色调明快，和谐统一，形成浑然一体的格局，具有鲜明的藏式民居色彩。宝兴嘉绒藏族民居大多为三层石木结构建筑，结构上按“三个三角形，半围外走廊”布局，门窗、栏杆、飘檐作彩饰。

三个三角形，半围外走廊格局的硗碛藏式建筑

石棉县尔苏藏族、木雅藏族，村落建筑顺应山势，高低错落，一家一户单体房屋连片分布，各户间有小巷或土石阶相连。建材选择当地的山石和木材作为建筑材料，为石墙和土木混合结构，又叫石房，坚固耐用，冬暖夏凉，古朴原生态。

从性质与功能来看，雅安传统村落的建筑主要有民居、庙宇、祠堂、戏台、牌坊、街道、广场、桥梁、园林等，也有少量的水井、碑刻、墓地等。庙宇，是传统村落重要建筑，是村人宗教信仰和精神依托地。48个传统村落中，基本上村村有庙。汉源县富民村清溪古镇的文庙，其规制和规模当数第一。而名山区蒙山村，因地处茶文化圣山蒙顶山，自西汉以来便有人工植茶渊源，村内寺庙众多，鼎盛时有36座寺庙，历经千年风雨，如今仍有10余座寺庙坐落于茶园翠霭茂林间，红墙梵宇，别增意趣。戏台中保存最完好的，当数雨城区五家村上里古镇的戏台——群玉楼。牌坊类建筑中，被誉为汉族“第一坊”的上里古镇“九世同居”牌坊，九襄镇的双节孝牌坊，堪称雅安传统村落中的牌坊精品。

雅安传统村落的文化

雅安传统村落的魅力不但表现在其外在的村落选址、布局、建筑、街道、祠堂方面，深入其中还会发现，传统村落给人以聚合内敛、浓厚轻盈的精神风貌和文化气质，这正是传统村落魅力和风格的集中展现。

节庆与民俗文化在雅安的传统村落中也得到了淋漓的展现，农历从春节到腊八，基本季季有庆，月月有节，村民们利用各种节庆，祭天祀祖，庆丰祈祷。

我们不妨按时间顺序，简述如下。

春节，从初一到十五，日日都有说法。民间传说女娲创造万物生灵的时候，先造六畜，后造人，因此初一到初六都是六畜之日：正月初一为鸡日，初二为狗日，初三为猪日，初四为羊日，初五为牛日，初六为马日，初七为人日。每日有每日的庆贺方法和禁忌，初一贺新岁，初二初三回娘家，初四迎灶神，初五接财神，初八、初九“放天灯”。最热闹的当数正月十五闹元宵，舞龙灯，耍花灯，吃元宵。《汉源县志》记载：“在昔承平之世，各乡办龙灯狮灯者，自八日起无论市场乡村，沿门跳舞，鼓角争鸣，儿童欢呼，俨然太平气象，神庙多竖灯杆，高四五丈，悬灯约三四十盏不等，均以八日起元宵止，所谓火树银花，殆非虚也。”时清溪县城乡都有龙灯、狮灯、花灯沿门舞唱奉贺，清溪街坊乡亲竖灯于街道两侧，称之为“三官灯”。城镇举办“灯火会”，也叫“迎神会”，沿门以烧筒花放鞭炮助兴，游人彻夜喧阗，观者如潮，极尽狂欢。元宵节无处不闹，乡人以此称为“闹元宵”，甚至还扎彩灯、办灯会、踩高跷、迎神赛会。

春分有“嚼虫子”的习俗，标志春耕开始，祈祷灭绝虫害。尔苏藏族农历六月十六要过“贞朵屋”（火把节），传说是烧天上下来危害庄稼的虫子。端午节吃粽子、喝雄黄酒、插艾草、洗百草浴。清明祭祖扫墓，芦山县飞仙村流传清明戴柳的习俗，还有民谣“清明不戴柳，死后变黄狗”。每年农历七月十二至十三，有中元节，俗称“鬼节”“施孤”，是传统村落民间一年一度追念先辈的日子，传统活动有包袱子。

八月十五中秋节，庆团员吃麻饼赏月。九九重阳节，登高避灾，赏菊晒秋佩茱萸。十月初一吃糍粑拜牛神。进入腊月，家家户户开始杀年猪办年货迎新年。雨城区上里镇五家村有传承百年“年猪节”活动，由过新年、杀年猪、看大戏的喜庆场面演绎而来。年猪节时，村民祈求上天保佑，希望来年风调雨顺，五谷丰登。古镇居民请戏班在戏楼唱戏，这其中蕴涵着“万人共乐”的思想，家家户户又将自家最大最壮的年猪抬出比试，评选出年猪王。一年中最后一天，进入大年三十夜，备新衣、吃团年饭，守岁是常规习俗，迎接新一年到来。

雅安传统村落中，民间个体的生老病死，也有一定的约定风俗。婚姻在雅安传统村落中被认为“将合二姓之好，上以事宗庙，而下以继后世”的头等大事，传统婚姻礼仪隆重而热烈，保存有完整的纳采、问吉、纳吉、纳征、请期、迎亲等“六礼”婚俗仪式。婚礼一般要举办三天，第一天坐“花夜”，第二天“接亲”，第三天“送客”。然后，新妇生子要“送中米”，小儿庆生要办“三招”，儿女长大要举办成人礼，科举考试得中的，要“打马游街”；“人生七十古来稀”，还要为古稀老人举办寿宴。人死后，民间有“事死如事生”的讲究，要举行庄严的丧葬仪式。逝者下葬后第三天，其亲友要为其烧袱纸，称为“服三”。

除共有性的传统节庆民俗文化外，雅安地域性的独特民俗也很丰富，并且由来已久。芦山县传统村落中保存至今的民俗文化七里夺标、八月彩楼会、芦山花灯，就是其中的瑰宝。七里夺标，将游艺、体育、信仰和崇拜，以及古代傩仪和道教文化结合在一起，形成了当地古青衣氏羌文化为基础的独特民俗，是具有丰富历史文化内涵的民间信仰和地方特色的非物质文化遗产。每年的八月十五中秋节，芦山各地举办八月彩楼会，盛时全城高搭彩楼48座，喜乐并奏，歌舞竞胜。这项活动的中心，在南街汉姜侯祠内的平襄楼，历代地方长官在此主持祭祀。祭祀时，在楼前进行傩戏、庆坛、芦山花灯的庆演，楼上则是官绅观看竞胜的地方。芦山花灯是四川省三大花灯之一，起源于北宋，兴于清代，至今仍流传民间的一种歌舞小戏。北宋时芦山花灯就已是“八月彩楼会”中的内容之一，花灯与庆坛互相渗透。

芦山庆坛表演

在少数民族村落中，宝兴嘉绒藏族的上九节、锅庄、天鹅抱蛋、多声部民歌，石棉尔苏藏族、木雅藏族的环山鸡节（又名古扎子节）、晒佛节，还有彝族村落中的传统彝族年、彝族毕摩文化等，都是传承至今的民族文化的精髓。

宗教与民间信仰在传统村落也有反映。雅安传统村落基本村村有寺庙，这些寺庙规模也不大，但是方便民众，这也反映出雅安传统村落宗教信仰的普及与兴盛。荥经县新添村有庙宇3座，分别为晒经寺、圣母庙、观音殿；名山区蒙山村，因地处茶文化圣山蒙顶山，鼎盛时期有36座寺庙。佛教和道教仍是传统村落寺庙的主要信仰，但也常常体现儒、释、道三教合一或多神供奉的景象。

有些村民信仰佛教，相关活动常常与民俗活动、集会游乐融为一体。汉源县宜东镇天罡村的庙会，是依托于村内五省庙举行的传统节庆活动，在周边区域均有较大影响，其佛教文化中的庙会至今仍然得到传承。五省庙庙会分为大庙会和小庙会，大庙会于每年农历正月十四、十五两日及六月二十五、二十六日举行，小庙会主要有每年农历二月十九的观音会、三月初三的娘娘会和七月初七的土地会，每逢庙会期间，镇内及周边其他乡镇的居民聚集至宜东镇区，在此进行集市货物交易、龙灯舞狮等活动，集旅游观光、休闲娱乐、购物餐饮为一体。

除对儒、释、道三家的信仰外，传统村落中还有大量其他信仰，如对自然神、人物神、地方性神灵的信仰，还有一些生活当中民众所遵循的各种婚俗禁忌、生育禁忌、丧葬禁忌、饮食禁忌、语言禁忌等。

雅安传统村落的保护传承与利用

2012年，党中央、国务院将传统村落的保护列入国家文化保护的战略，真正意义上从国家层面对传统村落进行全面保护。雅安市积极探索创新保护发展新路子，通过建立完善协调领导机制和村级联络机制，形成各级政府部门全面指导、村级广泛参与的管理机制。通过多年的积极保护，取得了较为明显的成绩。

多方申报，联动保护。雅安市积极开展传统村落的调查、研究、审定工作，广泛收集传统村落文图资料，划定雅安传统村落名录，并先后五批次积极申报。加大传统村落文物保护和非物质文化传承利用，全市涉及48个传统村落的105处古建筑、古遗址、近现代重要史迹及代表性建筑被列为全国、全省、全市重点文物保护单位，涉及48个传统村落的221项传统音乐、舞蹈、美术、杂技、武术、传统制作技艺、中医和民俗等被分列为人类非物质文化遗产以及国、省、市、县四级非物质文化遗产，有非物质文化遗产代表性传承人国家级1人、省级24人、市级86人、县（区）级181人。

规划引领，提升改造。目前，雅安市21个国家级传统村落保护发展规划的编制工作已完成17个。定期对规划实施情况进行评估，及时发现规划实施过程中遇到的问题与困难，跟踪推进问题解决。

加大投入，改善环境。严格执行住房城乡建设部、文化部、国家文物局、财政部相关规定，争取上级各类补助资金，大力实施基础设施建设项目，在保持传统村落完整性、真实性和延续性的前提下，建设了村民集中安置点，修葺了部分危房，提升改造了乡间道路，建设了集中牲畜棚，整治了环境卫生，传统村落格局和历史风貌保存完整，村落的原有形态和生活方式得到延续传承，原住村民生产生活环境得到了改善。雨城区上五家村、四家村所在的

上里古镇，被评为“四川十大古镇”之一，已成为雅安旅游的一大亮点和休闲避暑的胜地。芦山县龙门镇古城村张家大院，曾为红四方面军司令部旧址，现已建成为爱国主义教育基地和红色旅游景点并对外开放。

活化利用，良性循环。结合地震灾后恢复重建、脱贫攻坚、幸福美丽新村建设等重点工作，坚持产村相融的推进机制，延续传统文化保护工作的同时，做好传统村落的活化利用，

地震灾后重建的宝兴县夹金山村泽根藏寨 李依凡 / 摄

深入挖掘传统村落潜在优势，加强特色产业培育和扶持力度，壮大村级经济，促进致富增收，实现良性循环发展，通过“传统村落+”的模式，让传统村落走出一条农旅、文旅融合发展道路。宝兴县抓住硗碛水库建设的契机，对咎落村进行移民搬迁，新建传统民族风格与现代文化融合的硗碛新场镇。石棉县坚持构建政府主导，企业负责，群众参与的保护体系，以地震灾后恢复重建村民搬迁新居为契机，将房屋、宅基地全部收归集体，由县属国有文旅公司统一维护管理，进行保护利用。对传统村落的文化进行深入挖掘，结合文化建设和旅游发展，加大传统文化的保护、传承、弘扬，让传统文化在新时代焕发出新的光彩。雨城区五家村年年举办“年猪节”成为上里古镇的年度大戏；芦山县的花灯、庆坛和七里夺标等民俗活动也是年年开展，把宣传党的政策和民众幸福生活融入花灯唱词；宝兴县嘉绒藏族的多声部民歌多次走进中央电视台。

（张雪梅/文）

雨城区传统村落

五家村

四家村

望鱼村

后盐村

范山村

大里村

许桥村

观化村

五家村 四家村

村落概况

五家村，又叫“五家口”“五甲口”，属雨城区上里镇管辖，是“四川省十大古镇”、雅安4A级景区上里古镇所在地。四家村，又叫“四家口”“四甲口”，是上里镇政府所在地。五家村和四家村紧邻，历史上均以上里古镇为核心，又各自有所发展，有古镇一肩挑两村之感。

五家村和四家村位于雅安市城区以北27千米处，地处雅（安）、名（山）、邛（崃）、芦（山）四县运输通道上的交汇点，是“临邛古道”进入雅安的一个重要驿站。

五家村村域面积26.9平方千米，村庄占地面积524亩（1亩≈666.67平方米）；全村住户约1333户，有户籍人口3157人。四家村村域面积7.5平方千米，村庄占地面积120亩；全村住户约700户，有户籍人口2400人。两村现有产业以种植业和旅游服务业为主，依托上里古镇景区旅游开发，旅游收入是村民重要收入来源，古镇中心区的旅游商业和周边的农家乐生意红火。

古镇新居相辉映 李依凡／摄

历史沿革

上里古镇在汉以前为古青衣羌人的领地，汉至隋归严道县管辖，隋末唐初，曾一度隶属临邛郡，尔后归雅州府。上里规模化场镇的形成，当在唐宋时期。

据现存于上里白马泉景区内明弘治十八年（1505年）的“雅州罗绳白马泉渊泽侯碑”记载，上里初名“罗绳”，取其昔日古道上的驿站、关隘之意，是巴蜀平原通往外民族地区的关卡之一。明初建置时，沿陇西河流向每十里建一场，因罗绳处于上十里，故名上里。后因实行“保甲制”，这里是水东乡第五甲、第四甲的口子，所以又叫“五甲口”“四甲口”。明末清初的“湖广填四川”，大量的移民涌来巴蜀。韩、杨、陈、许、张五大家族移民上里（韩氏在清康熙年间自陕入川），不断发展，几乎垄断了当地的政治、经济、文化各个行业，成为上里的望族。“五甲口”“四甲口”又逐渐演变成了“五家口”“四家口”。至今民间仍有“韩家银子、杨家顶子、陈家谷子、许家女子、张家掟子”之说。

改革开放以来，五家村、四家村经济、社会得到较快发展，村庄面积不断扩大，在古镇周边新建大量现代民房，村容村貌和人民生活水平得到极大改善和提高。

2004年，雅安市承办四川省旅游发展大会时，对上里古镇进行了一次较为全面的维修改造，古镇焕发新的光彩，成为雅安旅游胜地。

环境与布局

溪水环绕

五家村、四家村曾是“联川进藏茶马古道之驿”，商贸繁盛；又处“罗丘秀萃二水环抱之地”，环境清幽。

村庄紧依磨子岗，西对十八座四季常绿的馒头式小山丘，俗称“十八罗汉拜观音”。村内白马河、黄茅溪在上里古镇场口汇流进陇西河。溪流与小山包之间良田平畴，阡陌纵横。古镇依山傍水，石板铺街，木屋为舍，小桥流水，田园小丘，宛如一幅浓淡相宜的水墨画卷。

两村以上里古镇为中心，古镇以店居和宅院建筑为主，中心和周边还分布有广场1个、戏台1座、牌坊3座、古塔4座、城隍庙1座、古碑若干、古墓若干、泉井2眼、水车1个、桥梁10余座，古镇周边散布民房农舍。

古镇南北、东西方向各有两条街道交叉分布，成“井”字形路网，“井”字形建筑格局。据传，古镇历史上曾多次发生火灾，“井”字形布局，寓意“井中有水，水能灭火”。

二水环绕，布局井然的古镇街区 郝立艺 / 摄

主要建筑

建筑主要分为两类，一是木结构铺面式店居，建在古镇“井”形路网两旁，主要位于五家村。二是当地大户人家建造的宅院，分布于古镇外围较幽静的地方，分别位于五家村和四家村。此外还有牌坊、古塔、桥梁、泉井、广场、戏台、古墓、古碑、寺庙、散居式民房农舍等，建筑门类比较完备，现仍保留着许多明清时期川西民居风貌建筑，韩家大院有仿京派建筑。

⊙**店居与街道**。店居是店、居结合的传统民居，连排分布于街道两边，有的一面临街一边临河，临河一边设计为吊脚楼式，建筑风格多为明清风貌木结构建筑。店居功能适用，空间紧凑，外形造型轻巧，以居住功能为主，兼有经营、生产多种功能。空间组成上既有生活空间，又有商业空间，有的还有作坊空间。

古镇街区店居 黄柱 / 摄

临河吊脚楼店居 黄柱 / 摄

店居后的天井小院 郝立艺 / 摄

内街小巷

⊙**宅院**。韩、杨、许、张四大家族都在古镇外围较幽静的地方建造院落式大宅。现保存较为完好的有韩家三处大院，分别建在五家村和四家村。四家村还有保存较为完好的四处杨家宅子。

磐安桥韩家大院。该院位于五家村上里古镇磐安桥头（桥已毁，现仅剩桥墩），院落所在的位置相对靠河流上游，且又有韩家的老祖屋，因而又叫“韩家上院”“韩家老宅院”，是上里古镇上至今保存最完好的一处清代古院落群，为圣旨敕建“进士府第”，赐挂“卫守府”火焰边金匾。坐东向西，三院，每院三级，院院相通，形成九个天井院落，意为“久久长寿”。从大门进入，三台院落越来越高，意为“步步高升”。整个建筑融入了非常多的民间思想和官场思想，台阶石的级数，尺寸大小都严格遵循了当时习俗文化。

韩家大院布局 赵玮/摄

卫守府大门 戴国宏/摄

韩家大院三进院落

寓意丰富的精湛木雕 李依凡 / 摄

小天井 郑汝成 / 摄

大水湾韩家大院。又叫七星抱月韩家大院，建成于清道光四年（1824年），历经三代人100余年才全面完工，是武举人韩腾蛟、国学生韩廷钊、庠生韩廷镇之华居，为仿清官宦府邸式建筑群。

建筑为悬山穿斗木结构，占地面积约4778平方米。大院坐东向西，建筑规整，以中轴对称分布，由三大四小七个四合院和两个龙门子组成，俗称“七星抱月”。现尚存两进三个四合院。

龙门 郑汝成／摄

正院 黄柱／摄

大院“偏龙门” 李依凡 / 摄

石板路韩家大院。又叫韩家后院，是韩家第六代第二房韩畹的子孙修建的。这是一处保存基本完整的清代建筑，占地面积3155平方米，坐西南向东北，由前院、天井和一个带左右配院的四合院组成。大门位于右侧角，称“偏龙门”，双出挑檐式，两边围砌成八字形。院子前面是一个大地坝，正中一个大的四合院，两肩上各有一个小四合院，俗称“反天井”。石板路韩家大院仿照“七星抱月”韩家大院的工艺来修建，其雕镂镌凿毫不逊色，而结构布局上却尤显得精巧别致。后院小山中有一条小径与“七星抱月”韩家大院相通。

大院布局 李依凡 / 摄

正院 李依凡 / 摄

天井 黄柱 / 摄

同一梁柱上精美的双面镂空雕 李依凡 / 摄

雕窗 黄柱 / 摄

石础 李依凡 / 摄

木雕门斗 李依凡 / 摄

杨家建筑群。位于四家村，一条小巷成为村落的主要骨架，由巷道两侧分布的杨攀明宅、杨攀华宅、杨攀财宅、杨志先宅构成。杨家建筑群建于清光绪年间，房屋为木制楼阁，错落有致，青瓦飞檐流光溢彩。每宅由龙门子、厅房、厢房、正堂等构成，木制的窗、枋、檐均以浮雕、镂空雕、镶嵌雕刻组合而成，工艺精湛，构图精巧，画面栩栩如生。

窗和户对 黄柱／摄

正院大门 黄柱／摄

四家村杨家建筑群 李依凡／摄

⊙**广场和戏台**。古镇场口两河口交汇处有一背靠白马河的戏台，台前广场俗名“台子坝”。该坝呈长方形，长62米，宽12米，平坦开阔，青石铺就，周围铺面林立。这里既是场镇乡民的文化娱乐和商贸活动中心，又隐含有“井能吞水”之意，有重要的防洪作用。广场前建有戏台，名为群玉楼。该楼为二重檐歇山顶戏楼，在四川场镇不多见的巧妙设计。戏台四周曾有戏曲石雕，栩栩如生，分别是禹王鼎、武家坡、战洪州等川剧戏目。

⊙**川剧娃娃班**。上里是川剧的发源地之一，境内川剧折子戏文化氛围厚重。韩氏后人韩炳、韩绍文酷爱川戏，拿出银两广招学员，从清代至民国初曾先后开办过三个川剧科班，分别为顺宁班、群玉科班和安庆科班，培育出了著名花旦李兰廷、名旦王凤仙、小生黄瀛洲等一批川剧演员，推进了川剧艺术发展。科班学员主要来自成都地区，由韩炳、韩绍文亲赴成都招考年龄在十一二岁上下，声、貌、体俱佳之孩童，俗称“娃娃班”。艺名以“玉”“庆”名之，生、旦、丑等均有别。聘请名师七八人作教练，彩排时，韩炳亲司鼓、考察，讲评优劣，对艺童的一招一式、一颦一笑，从不马虎。学生需苦练两年后始得出科，出科时要进行出科演出，演出主要是参加雅安城的城隍会。

广场和戏台 黄柱 / 摄

高桥

⊙**桥梁**。两村共有10余座古桥和近代桥梁，风格各异，不仅是南来北往的通道，古镇和田畴的连接线，更是五家村古镇工匠技艺的活档案。古石桥大体可分为卷拱桥、平桥、踏水桥三类。卷拱桥又有单拱和多拱。

高桥。建于清乾隆十四年（1749年）。为三卷拱桥，桥上、桥下东西两端各有一人行道，桥上、桥下皆可通行，人们又称此桥为清代“立交桥”。

二仙桥。二仙桥位于古镇西约200米处的陇西河上，桥面两侧有石栏，正中雕刻龙头、龙尾，桥头竖一宝塔，正面浮雕神像和二仙桥三个大字，塔壁阴刻文字，记述了曾先后三次建桥过程。该桥为高卷拱单孔石桥，桥面两侧有石栏，此桥与周围山峦、河水、田野相映，有江南水乡美景之感。站立于桥上，人、物倒映水中，充满诗情画意。

相传建桥竣工之日，附近州县名士前来祝贺，宴罢人们来到桥头准备踩桥定名，不料有两名乞丐坐在桥头拦住踩桥人……众人干涉，二乞丐跃入水中，即刻显出两个石包，众人大悟，认定此二人并非乞丐，而是两位神仙，便将此桥定名为“二仙桥”。

充满诗画情意的二仙桥 李依凡 / 摄

⊙**字库塔**。又称文峰塔，建于清同治五年（1866年）。塔下有字纸炉，是上里古代官宦人家和文人燃烧字纸的建筑。塔为石质空心五层楼客式建筑。塔身第一层北面镌楷书“文光射斗”四字，六面柱身镌楹联三幅。该塔为清代古镇居民为使当地文风、文脉顺达，多出人才，依据风水理论而建。

字库塔 李依凡／摄

⊙**“双节孝”石牌坊**。位于四家村，建于清道光十九年（1839年），是清政府为褒扬乡人庠生韩廷儒之母杨氏、武举韩腾蛟之祖母范氏姑媳双节孝，遵诏而建的石牌坊。牌坊的结构为四柱三间二重楼出檐、多脊、双层面、12翼、镂空石雕彩绘坊。坊高11.25米，深3米，基座宽7.8米，出檐1.1米。坊上图饰花纹，镂空别致。顶梁上下刻有戏曲、历史故事20余组，坊上还有奉旨旌表、匾额对联、100多个人像。石坊建成后，施石青、石绿和红彩绘，经百年风蚀剥落，至今尚能识别。坊前左右竖立全石圆柱八方双斗桅杆一对，均高11米，更显气势恢宏。

“双节孝”石牌坊 黄柱／摄

文化与民俗

⊙**年猪节**。每年农历冬腊月时节，上里古镇都会开展“年猪祭祀”“杀年猪，喝旺汤”等活动，前后历时三个星期左右。年猪节已传承百年，由传统的农家过新年、杀年猪、看大戏的喜庆场面演绎而来。年猪节时，家家户户将自家的年猪抬出比试，评选出年猪王。村民请戏班在戏楼唱戏，观看祭祀师将年猪王祭天，祈祷来年风调雨顺，五谷丰登。

“年猪节”成为村民和游客的盛会

⊙**天灯节**。天灯，又称孔明灯。上里镇群众自古就有放飞天灯的习惯，每当元宵、清明、重阳等时节，群众自发用五颜六色的纸扎成灯笼状“天灯”，请一些本土秀才在灯上写下祝福、吉祥的话语，然后在夜间将灯放飞，表达对美好生活的向往，对亲朋好友的祝愿，以及对已逝亲人的思念等。集体放飞天灯时，场面十分壮观。古镇商家、小贩也破例通宵营业，台子坝上古戏台前挤满了看社戏的群众，三五成群地谈天说地。

放天灯

枕山环水的古镇 黄柱 / 摄

望鱼村

村落概况

望鱼村位于雨城区望鱼镇，青衣江支流周公河的上游，村域面积33.3平方千米，村庄占地面积300余亩。现有住户488户，户籍人口1382人。村落以竹木和旅游为主要产业。

历史沿革

唐宋时期，背儿哥从雅安开辟了一条从雅安经望鱼，再翻马耳山过荥经到达康定的捷径，这里成为一个休息点。明初，此地形成村落聚居点，茶马贩运兴旺，是南方丝绸之路、临邛古道（茶马古道）上的驿站。

明末清初，是古镇的鼎盛时期，聚居规模进一步扩大，村民在此修房屋，建庙宇，办酒厂，开设酒馆、药店、绣楼、银庄、旅店、戏台、铁匠铺等，官府也将乡衙设于此，逐渐形成场镇，名为“望鱼场”。

民国时期，老街往西侧继续延伸，跨过山沟，场镇规模扩大。

1949年后，受地形限制，老街不再沿一字形纵向发展，而是往老街北侧山坡横向发展。1980年后，曾设望鱼乡、望鱼镇，乡镇政府择址新建，过境公路绕过老街。老街仍然保存较为完好，称望鱼古镇。

环境与布局

周公河自南向北横贯全村，环绕古镇。古镇依山临水，座落于一块突兀于山腰的巨石上，巨石形似一只守望着周公河游鱼的猫，因而石名“望鱼石”，场名“望鱼场”。望鱼场选址体现了“枕山、环水、面屏”等要素的中国传统风水观念。

望鱼古镇由一条一字形长街串连两侧的店居和大院组成，老街长约260多米，首尾设有栅道，长长的石梯，可达到河边，并与新街相连。进入老街，须顺石梯登至山腰，极具易守难攻的防卫性，也是古镇防御山匪流患的选址要领。老街背后的山坡分布有宅院，相比老街店居，宅院的规模较大，并留存有大量精美的木雕与石雕。距望鱼老街5千米，有建于明代的接待院寺庙，庙中有诸多保存完好的精美的石刻浮雕。

薄雪覆盖下的老街场景 李依凡 / 摄

雨中老街 李依凡/摄

主要建筑

建筑由长街串连分布，全为木结构青瓦房和吊脚楼，有店居和宅院。此地雨水较多，街边店居均建有屋檐。房屋的地平有一定高差，有的门口设有若干级石阶，台阶与街面有各种花纹式样的孔洞相连，形成完整的排水系统。建筑曾经是衙门、银庄、当铺、药店、绣楼、旅店、饭馆、茶铺和戏台，现大多已成为民宅。

望鱼村处于深山之中，建筑用材主要为木材，地板以木板铺成，墙、门窗及外围栏也以木材施以清漆，保持原木本色，屋顶覆以青黑色小青瓦，古朴天然。

⊙**老街与店居**。老街保存较为完好，为一条狭长的一字形长街，长约260米，通过石梯步与场镇新街相连。一条青石板路纵贯全街，路面已被岁月打磨得幽幽发光。

店居多采用下店上宅，或以天井分割为前店后宅，具有复合型结构特色。店居门面多由门板、滑槽和门枢孔构成。临河一侧为吊脚楼式建筑。

街道 戴富丽 / 摄

石础 李依凡 / 摄

窗花和门扣 李依凡 / 摄

凉亭

⊙**石梯及凉亭**。凉亭位于古镇南端入口，为六角攒尖顶单檐亭，占地约6平方米，高约6米。建于清代，供客商、游人和村民休憩。

石梯是进入望鱼古村的主要通道，长约30米，宽约2.5米，高差达20米。石板路面，已有400余年历史。

文化与民俗

⊙**望鱼石的传说**。据传，此地设场前，仅是一条小道，常有背夫从此经过。有个精明的老太婆，在这块表面有数百平方米的巨石上开了一个简陋的茶水铺，过往的客商和背夫得以在此喝茶、休息。周公河清澈见底，坐在山石上就能望见周公河里的雅鱼成群游动，人们便把这块巨石叫作“望鱼石”。另一传说则是，三国时蜀汉猛将张飞征战过此，见河中雅鱼游弋，河水波光粼粼，遂偷闲立马于巨石上观望。“望鱼石”因此而得名。

⊙**天灯会**。腊月三十举行天灯会。当天下午开始选择地点，倒立天灯。地点一般选择在山岗上，将一根木杆树立，把预先制作好的花灯点亮，通过滑轮将其徐徐升至顶端。村民吃罢晚饭，不约而同带着供品、酒菜来到灯下焚香祭祀。祭祀完毕，一家老小或亲朋好友聚在一起饮酒守岁。农历正月初八、初九，古镇居民多在屋子中堂挂一盏平安灯，寓意驱除不祥，保佑清静平安。

后盐村 李依凡 / 摄

后盐村

村落概况

后盐村位于雨城区碧峰峡镇。村域面积5.7平方千米。有农户160户，户籍人口632人。种植业（茶叶为主）是主要产业，依托碧峰峡景区、红豆树景区，辅以休闲避暑旅游产业。

2010年以来，后盐村依托特有的千年红豆树、传统古村落的特色资源优势，打造红豆相思谷景区，创建红豆古树公园，提升硬件基础设施和软件服务，对辖区内农家乐、民宿进行提档升级，村落面貌得到极大改善。

历史沿革

后盐传统村落均为琅琊王氏家族的后人。琅琊王氏家族自康熙年间从徽州府琅琊郡（今安徽歙县）迁移至此，已有300多年历史。

王氏入川始祖王世满先在白鹤庵附近，以聚居形式建造了将近5000平方米的村落集群。后王氏家族分家，另建上下两个院子。清末，王氏古宅群遭遇大火，房屋尽毁，部分王氏族人便搬离山坡，沿山脚河道安家落户，由集中聚居变为散居。现王氏家族较为集中的建筑群仅保留了一处，为200年左右的木结构川西民居建筑。

后盐村王氏旧居

民居

环境与布局

后盐村位于雨城区北部蒙顶山区晏家山，属蒙顶后山，有山高、顶平、腰缓、脚陡的地形特点。晏家山形如头戴皇冠的佛像头部，千年红豆树尤如冠顶，村民称为“观音山”。晏家山对面有18个小山包，形似罗汉，故有“十八罗汉拜观音”的说法，自古被誉为风水宝地。

民居分布既有聚居，也有散居，结合坡地走势，高低错落。村内有千年红豆古树、千佛岩摩崖造像、王氏古墓、蒙泉桥、文笔沟塔、石鼓、宗祠碑、贞节牌坊（已毁）等。

主要建筑

村内保存较为完好民居有43栋，为民国初年翻修，已改变了老宅的院落格局。20世纪80年代后，部分木结构建筑被改为砖混、砖木结构，房屋布局分为三合院或者四合天井，依山而建，小青瓦、大挑檐。

2000年，碧峰峡镇发展休闲旅游乡村，再次对院落进行了改造维修，近年来，又创建的乡村精品民宿，外形和架构虽未改变，但环境和风貌大大提升，成为乡村休闲度假的好地方。

民居

千年红豆树

生长于后盐村的“雅安红豆”，树龄约2700年，树高约40米。2004年由省林业厅、华西都市报评为“天府树王”，2018—2019年由全国绿化委员会办公室和中国林学会组织开展的“中国最美古树”遴选活动中被评为“最美红豆树”，2020年被四川省绿委办、省林草局评为“四川十大树王”且位居榜首，是西南地区最大的古稀古种活化石奇树。

千年红豆树 廖旭东 / 摄

范山村 李依凡 / 摄

范山村

村落概况

范山村位于雨城区草坝镇东南部。范山村地貌以山地为主，兼有阶地平坝。全村村域面积12.6平方千米，村庄占地面积2000亩，有住户497户，户籍人口1695人。以范姓为主，范、赵、白、杨四个家族分布于四个村民小组。

范家第一始祖范自贵原为明朝千户长，在湖广填四川时先到彭州后迁名山，再后继居雅安范家塘，娶妻生子。其子范琳（修职郎）于1732年创业于现在的范山村。范氏家族在此刀耕火种，开田建地，修房造屋，经过几百年发展，形成了一个山清水秀、环境优雅的传统村落。主导产业为，茶叶种植。

村落背靠月儿山、白岩山，面对青衣江，左有安子沟，右有核桃沟，将整个村环落抱于其中，呈现群山环绕，通风向阳的村落格局。

主要建筑

范山村古村落呈集中组团式分布，村落建筑大多是明清时期建筑，民居大都坐南朝北，整体风貌保存完好，院落布局三合院或四合天井。木结构、小青瓦、大挑檐的建筑特征适应雅安多雨气候。村落内部道路及农户院坝用当地青石板铺就，有高差的地方用青石板台阶连接。村落户户有院，青石板铺置。村内道路以青石板路为主，有高差的地方也用青石板台阶连接。现仍在保存较为完好的有范家大院、张家大院等。村内除民居建筑群外，还建有范家贞节牌坊、万寿桥、范氏墓群等。

范家大院 李依凡/摄

范家大院撑拱和雕花、石雕、木雕 李依凡/摄

大里村民居 李依凡 / 摄

大里村

村落概况

大里村地处雨城区晏场镇，村域面积27.6平方千米，村庄占地面积约1100亩。有住户470户，户籍人口1897人。

村民收入主要以林、竹、茶经济为主，占总收入的70%。

大里村在秦汉时期已有雏形，多为游徙蓬荜式散居。汉朝至宋元年间才逐渐为家族定居式群居。宋元时期，大里被分为大里和宋里两个村落。公元1644年，大西王张献忠遣养子张奇能攻雅州。大里和宋里遭劫，全村仅有少数人幸免于难。明清时期，湖广商人入蜀经商，大里盛产茶叶，成为茶叶生产加工和经销贸易之地，往来商人众多，部分商人在此安居乐业。大里茶马古道上的驿站，因从茶马古道雅安站出发行至大里，共5里路，遂取名为“大五里”，后简称为“大里”。

大里村地处丘陵之间，风景秀美。村庄四面环山，竹林环抱，小河穿境而过。村内有周姓、李姓、杨姓、冯姓、严姓、朱姓、汪姓等家族，以姓氏划分地块居住，民居以宗祠为中心向四周辐射，院落随山脉朝向呈集中组团式分布。除民居外，村内尚有崇阳庵、洗菜沱桥、严绍松墓等建筑。

主要建筑

大里村内建筑呈集中组团式分布，多以传统木质结构建筑为主。现有30栋建于清末民初的传统建筑，建筑类型多样，有一字形、L形、三合院、四合院和联体两院、三院式等，院落布局多以堂屋中间为轴线，左右对称，有面阔五间至七间、九间不等。建筑造型轻盈，布局开敞自由。有檐廊，为居住者创造了一个较明朗的生活环境。有晒台，方便凉晒粮食和衣物。

建筑结构为穿斗式木架结构，梁架工整、秩序井然；小青瓦、坡屋顶、人字水，斗拱穿料、木质板式面壁。护栏、门楣和窗有简易雕花。

建筑材料采自山间的木料和石板，整体色调为原木色，红沙石石板铺地，古朴淡雅。

大里村民居和石兽 郑汝成 / 摄

L 形布局的民居 张雪梅 / 摄

入院石阶 张雪梅 / 摄

简易门槛和门槛石 张雪梅 / 摄

许桥村全景 李依凡 / 摄

许桥村

村落概况

许桥村位于雨城区晏场镇，村域面积8.15平方千米，村庄占地面积320亩。有住户400余户，户籍人口1721人。村民以种植林、竹、茶产业为主。民国时期叫四保，1950年建村，名为许桥村。

许桥村地形以山地、丘陵为主，晏场河穿村而过，村民或依山而建、或傍水而居，民居错落有致。明清时期，许桥村内有一条从邛崃柳江通往雅安的茶马古道支道，在许桥村形成街场，老街风貌至今尤存。

许桥村建筑，以老街为中心，街边店居又称“幺店子”，古朴简约。其他建筑还有青石桥、东岳庙、古墓等，分布于老街周边。民国时期尚有两个戏台，每年农历七月初一演出川剧，村民有喜事时会包场演出。

文化与民俗

⊙**晏场高台**。又叫抬阁，是四川西部一种典型的可移动舞台艺术，以戏剧人物造型为主进行展示的一种民间活动，整台戏中人物角色都贯穿在台架上。晏场镇的高台表演起源于明朝泰昌年间，已有400多年历史。

晏场高台后期融合了祭祀李冰治水的民俗。相传1906年，晏场河发过一次大水，冲走了牲畜，冲毁了庄稼。人们为治理水患，就在川主宫举办高台会，将川主宫供奉的李冰塑像抬过三江，祈愿山洪被高台会锣鼓喧天的阵势和李冰的塑像镇住，不再祸害百姓和庄稼牲畜。特别是每年农历三月初，村民会将高台游抬过三江，然后在农历六月二十日再游抬回晏场古镇。晏场古镇人人听戏，人人懂戏。村民又把祭祀李冰和川剧演唱融合起来，逐渐由游抬李冰塑像演变为游抬戏剧人物。

清至民国，高台表演由各保甲长、各功口（无名人士）在川主宫庙会会首发起，以庙产（田亩和林地）和石匠、木匠、泥水匠、杀猪匠、篾匠、纸匠、剃头匠等行业匠人共同协办。仍以祭祀作为主要内容，在村内川主宫举行，每年农历的六月二十日起要连续表演48本大戏，也有“思中”“辛后”等俱乐部专为晏场老百姓演戏，当时称作“坐唱”或者“板凳戏”。

1994年至今，晏场已举办了十届文化艺术节，高台是艺术节的重头戏，热闹非凡。

高台巡游 陈宣艳/摄

观化村

村落概况

观化村，位于雨城区八步镇，原观化村和原麻柳村在2020年合乡并镇中，合并为现观化村。村域面积29.7平方千米，村庄占地50亩，有户籍人口2241人。村落为山地地貌，产业以林业为主。

麻柳村村名，传说起源于三国时期，因遍地都是麻柳树，故名麻柳村。明末清初，左氏、刘氏、王氏先祖相继从湖北移民入川，辗转落居于此，聚族而居。清朝初年，建立麻柳村，隶属于观化乡，2020年由麻柳村改为观化村。

观化村地处茶马古道飞龙关口，三面环水，现存有飞龙关遗址。

村落为茶马古道上的小型停留点，现存明清时期的民居，呈带状团形分布，整体风貌古朴简约，1949年后，逐渐出现砖混结构的现代建筑。现建有规整布列的新村民居。

村落建筑除民居外，有倒马坎摩崖造像、高桥关、普惠寺，残存有石头垒筑而成的古寨墙。

主要建筑

⊙**普惠寺**。位于就龙关口，始建于唐代。初为茶马古道背夫休息站，后逐年扩建，遂成规模。清时有3个大殿。现古代主体建筑已毁，仅存4通碑，碑文模糊，隐约可识为清咸丰五年（1855年）“县正堂示”碑，住持僧常定建立。2015年重建普惠寺，古风浓郁。

观化村 李依凡 / 摄

普惠寺 李依凡 / 摄

民居雕刻 李依凡 / 摄

⊙**高桥关**。现观化村与荥经县新添乡石家村交界的一座三孔石拱桥，叫高桥关。此桥原为廊桥，据民国17年（1928年）版《荥经县志》记载，清乾隆末年，修建“高桥观”廊桥。桥下有一深水潭，晴朗夜空，水、月相映，既可以仰天赏月，又可深潭览月，誉为“高桥明月”。1978年拆除廊桥后修建石拱桥。

高桥关廊桥旧照

名山区传统村落

朱场村
蒙山村
红草村
鹤林村

朱场村 赵玮 / 摄

朱场村

村落概况

朱场村位于名山区中峰镇，村域面积6.5平方千米，全村有农户264户，户籍人口794人。主要产业为茶叶和旅游。

朱场村形成于明代，明初仅有几户朱姓家族在此居住，名为朱家场。宋代，这里成为由邛崃平乐经朱场到雅安的一条茶马古道捷径，也是朱场村与外界沟通交往的主要通道，后形成朱场老街。相传，古道为住户投资黄沙石板所建，各户须在石板背面刻上自家名字。

20世纪80年代以后，村民逐渐崇尚小洋楼，建筑风格发生变化。2013年后，紧邻老街建设朱场新村，有80余户农家在新村集中建房；配套建设新村广场，设置健身器材，实施绿化亮化，美化村落环境。

布局与建筑

朱场村老街沿河而建，现存建筑建于清朝初年，曾遭火灾，改建了三五次，但内部木架和主体墙面仍保持原样。

朱场村以川西民居为主，有老街，高家大院、孙家大院、吴家大院等成规模的古建筑，还有一些农家小院。有一字形、三合院、四合院等形制。建材以木石为主，房顶铺盖青瓦。院坝多选用当地黄沙石作为建筑陪衬材料，主要用于地坝、阶沿、础墱、雨壁石。雨壁石即用石板镶嵌成半腰装。村内还有字库塔、清代古墓群等。

⊙**老街与店居**。老街由红砂石铺成，中间高、两边低，两边有沟槽，呈鲫鱼背，雨天不积水，晴天不扬尘。石板上深深浅浅的马蹄印、拐子窝，诉说着茶马古道曾经的繁华。

朱场老街两边的房屋都有阶沿，当地俗称阑槛。街边分排店铺，基本为前店后居，店居之间设有天井。建筑为穿斗式木架结构房，青瓦屋面，人字水，正堂屋顶有太岁瓦。

朱场古街 郑焕平／摄

⊙**高家大院**。现保存较为完好的高家大院，位于距老街三四千米的田园之中，建于清代，由一个正院两个天井组成。正院的四周窗棂，曾雕刻有一部完整的戏剧，人物古装飘逸，神态逼真，手持花扇，步态轻盈，栩栩如生。

高家大院正门 李九一／摄

正院 李九一 / 摄

天井 张雪梅 / 摄

雕花悬梁和窗子 张雪梅 / 摄

石雕柱础 李九一 / 摄

吴氏古墓雕刻 李九一 / 摄

文化与民俗

马马灯表演

⊙**马马灯**。始于清末，兴盛于民国时期，距今已有100多年历史，是边唱边舞、唱舞结合的民间灯彩表演形式，也是年节期间的拜年节目。有“演唱”和“破阵”两种方式。演唱由马牌（2人）领唱，幺妹儿（2人）附和，唱词信手拈来，即兴发挥。演唱过程中，打鼓、吹唢呐的十来个人尾随其后。“破阵”，又叫“翻阵式”。用四、五张餐桌正反重叠，置机凳，上摆“封封”。“耍手”绕场一周向观众抱拳“亮相”后，一串“鹞子翻天”再“猴子捞月”而上。耍手登上阵式，见角耍角，有凳耍凳，高难度的动作一个接一个。场内锣鼓喧天，或花灯助阵或与幺妹儿逗趣添彩。

蒙山村

村落概况

蒙山村位于蒙顶山镇，村域面积11.096平方千米。蒙山村辖区内有12个村民小组，有户籍人口2065人。蒙山村产业主要是茶产业（茶叶种植、加工、销售）和旅游业。

蒙山村内有国家4A级景区蒙顶山，山清水秀，环境宜人。蒙顶山因夏禹足迹所至而有“禹贡蒙山”之称，以入贡“皇茶”而有“仙茶故乡”之名，以风景秀丽有“游览胜地”之誉。蒙顶山常年降雨量达2000毫米以上，因“雨雾蒙沫”而得蒙顶山名，古称“西蜀漏天”。

冬日的早晨，茶园覆上一层薄薄的白霜，民居散落在蒙顶山腰 郝立艺 / 摄

环境与民居

蒙顶山有着浓郁的川西茶山景色，片片茶园，堆青叠翠，绿浪翻涌；农舍俨然，或隐于林中，或显于茶园，或并居路侧。

蒙山村村落民居布局为散居式，村民在蒙顶山区域内，沿景区公路两侧建房居住，或以自家茶园为中心修房造屋。建筑多为独栋或连排式现代砖混结构建筑，房屋外部风貌施以川西民居装饰特色。随着蒙顶山景区旅游开发和提升打造，传统民居借势提升打造成了农家乐和高端民宿，现代化公用建筑、酒店和民宿散布在蒙山村内。

蒙顶茶坛建筑群 刘怀东 / 摄

蒙顶山民居建筑群

蒙山村寺庙众多，现存蒙山村省级文物保护单位“蒙顶山古建筑群”有10处文物古迹，是研究蒙山茶和明、清建筑的重要实物资料。据传，蒙顶山最鼎盛时有36座寺庙，有祭祀茶祖吴理真的寺庙，还有僧人采茶、制茶的寺庙，而且各有分工，千佛寺种茶，净居庵采茶，智矩寺制茶，永兴寺供茶，天盖寺祭茶等。

蒙顶山山门

永兴寺 郑汝成/摄

文化与民俗

⊙**蒙顶山茶文化**。蒙顶山因是茶的发源地而成为“世界茶文化圣山”，早在2000多年前的西汉时期，蒙顶山茶祖师吴理真开始在蒙顶山驯化栽种野生茶树，开始了人工种茶的历史。唐宋时期是蒙山茶的极盛时期，从唐玄宗天宝元年（724年）被列为贡品，作为天子祭祀天地祖宗的专用品，一直沿袭到清代，历经1200多年而不间断。蒙顶山茶文化博大精深，植茶、采茶、制茶、贡茶、茶叶交易、茶马古道、茶艺等，底蕴深厚，内容丰富。

⊙**蒙山派茶派技艺龙行十八式**。茶艺表演中的“龙行十八式”茶技历史悠久，融合武术、舞蹈动作，表演刚劲有力，气势磅礴，行云流水，一气呵成。表演者手持长嘴铜壶，模仿龙的动作，铜壶绕身上下旋转翻腾，把长壶中的水准确无误地注入茶杯之中，不溢不洒。十八式为蛟龙出海、白龙过江、乌龙摆尾、飞龙在天、青龙戏珠、惊龙回首、亢龙有悔、玉龙扣月、祥龙献瑞、潜龙腾渊、龙吟天外、战龙在野、金龙卸甲、龙兴雨施、见龙在田、龙卧高岗、吉龙进宝、龙行天下。

龙行十八式表演 王涛／摄

晨曦中的红草村 黄健／摄

红草村

村落概况

红草村位于万古镇，村域面积8.5平方千米，村庄占地200亩。有住户1138户，户籍人口3628人。村内主要有杨氏、刘氏、戴氏等几大家族。主要发展茶产业（茶叶种植、加工、销售）、生猪养殖和旅游业。

明末清初湖广填四川时，祖籍湖广安德府麻城县的杨氏、刘氏、戴氏等几大家族迁至红草村落居，与原住民殷氏、段氏等家族聚族而居，逐渐形成村落，民居多为散居农舍，也建有街坊，是名山最早形成集市的地区。

红草村红草坪3A景区，以“花香茶海、骑游茶乡”为主题，突出微田园、微景观，是中国至美茶园绿道主区域，“世界茶源·中国茶都”主景点，景区串联莫家广场、九间楼生态草莓基地、红草公益讲堂、红草新村、清漪湖、樱桃糖、红草湿地公园等众多景点景区，融入民宿、特色餐饮、休闲养生、土特产商品、手工艺品加工等乡村旅游业态。

布局与建筑

红草村位于四川盆地边缘，属平坝地貌，间有小丘，村内广植茶树。红草村民居布局多为散状布点型，分布于茶园和浅丘之间。2008年后，建有红草新村村民集中安置点，为现代砖混结构，外部施以川西民居风貌，成为红草村村民聚居和旅游的中心。

掩映树丛中的红草村传统民居

焕然一新的红草新村

鹤林村

鹤林村

村落概况

鹤林村位于黑竹镇，村域面积10.975平方千米，村庄占地面积462.5亩，有住户1189户，户籍人口4180人。主要产业为茶产业（茶叶种植、加工、销售）和生猪养殖，茶叶面积6200余亩。

鹤林村早在南北朝时期便有人居住。明朝时期，胡、魏两大家族迁移于此地，人口逐渐增多，形成村落群。胡氏家族从明朝正德年间自楚迁蜀，定居于此，住在村南，又名胡大林。魏氏家族从明朝崇祯初年，从河北省避祸迁移至此，住在村北。

主要建筑

鹤林村属于浅丘平坝地貌，村民散点居住。现存传统村落建筑主要为李氏民居和胡氏民居，有庙宇真武宫、文武庙2处，字库塔1座。

⊙**李氏院落**。修建于民国初年，川西建筑风貌，四合天井布局，土木结构，墙面为土砖砌成，是雅安传统村落中少有的土砖墙面。右边角附建碉楼，左边角配有杂物房。碉楼分为两层，一层住人，二楼储藏粮食，也作防御用，存放防卫工具，墙面四周有瞭望孔和射击孔。1935年11月，红军长征在此曾有过激烈战斗，李氏院落曾作红军住所和指挥部。现建为胡大林红军指挥所遗址。

李氏院落内景 李九一 / 摄

李氏院落窗雕 张雪梅 / 摄

⊙**胡氏院落**。修建于民国初年，占地面积1296平方米，四合院式民居院落，由正房、左右厢房及门厅组成。

胡氏院落布局 李九一 / 摄

胡氏院落 李九一 / 摄

胡氏院落雕花撑拱 李九一 / 摄

文武庙和字库塔 李九一 / 摄

⊙**文武庙和字库塔**。文武庙始建于清嘉庆十四年（1809年），内供文昌帝和刘、关、张塑像。原为泥砖土墙，盖小青瓦，两边有风火墙。后被毁，1997年重建。修缮后的文武庙为抬梁式木结构二重房，盖琉璃瓦，梁柱红色，四周有廊柱。前厅是观音殿，堂中供奉如来佛。字库塔高10余米，五层六厢六角，每角挂风铃。上书碑序，对联曰：文字藏千古，蹉峨镇一方。

天全县传统村落

红星村
小落村
前阳村
青元村
黍子村
苏家村

红星村 韩毅/摄

红星村

村落概况

红星村位于小河镇西部，村域面积25平方千米，辖4个村民小组，有112户390人。该村为林业村，其主导产业为林竹业和养蜂业。

唐代，背茶包子的背夫途径甘溪坡，走出一条茶马古道。清朝末年在古道两侧逐渐修起民居。20世纪中期新建了一部分以坡屋顶、土木结构为主的建筑；后期出现木、砖结构民居，村户增多，形成村落群。21世纪开始出现砖混结构的现代建筑，与传统建筑并存。

甘溪坡古村落是红星村传统村落的核心部分。李氏祖先李自广迁居到这里已延续了十三代，有200多年历史。1913年隶属于小路乡。1936年属于忠孝乡。1956年隶属于沙坪乡。1980年隶属于沙坪公社。1984年隶属于青石乡。2006年隶属于小河乡至今。

环境与民居

村落建筑是典型的川西民居，始建于清末。当时村户较少，以散居为主。建筑取材于本地的木头、石灰、青砖、青瓦，以坡屋顶、人字水、穿斗木架构为主。后期出现木、砖结构民居，形成村落群。村落民居沿古道两侧分布，呈“心”形。村落民居分别于2004年、2013年进行了保护维修。2004年，天全县人民政府结合全省旅发大会，恢复建设甘溪坡古村，推出碉门—甘溪坡—紫石关—南坝子—两路口—长河坝茶马古道文化之旅旅游线路，形成以背夫文化为特色的二郎山茶马古道文化旅游走廊。

⊙**茶马驿站**。现为茶马古道陈列馆，位于甘溪坡小河村2组南面，用于茶马古道文化宣传和展示。东侧为一户民居，南侧紧靠茶马古道。陈列馆为悬山小青瓦顶建筑，穿斗木结构。

民居窗花 张雪梅 / 摄

红星村茶马驿站，现为茶马古道陈列馆 杨鑫 / 摄

甘溪坡民居群

民居一隅　杨鑫 / 摄

文化与民俗

古道、民居、石墙 陈怡 / 摄

⊙**茶马古道遗址**。甘溪坡茶马古道起源于唐代。清朝末年，当地居民开客栈、饭馆、杂货铺，供来往客商、背夫食宿，逐渐形成驿站。至今保存完好的茶马古道遗址呈东西走向，长约2千米、宽2米，路面由石板铺成。遗址内有茶马古道、陈列馆、古道背夫铭纪念碑、干溪古井、雕花民居等。

⊙**背夫文化**。甘溪坡古村是当年背夫们背茶包子到西藏（康定）的必经之路，西出碉门（禁门关）的第一驿站，素有“背夫文化发祥地”之称。对雕门到康定这段茶马古道，曾有歌曰：“一出禁门关，性命交给天。上得象鼻子，翻得马鞍山！下得风吹林，从此才过关。”从天全至康定全程180千米，古道穿行于崇山峻岭和悬崖峡谷之间，背夫借助背篼、背夹、口袋、垫背、拐子、草鞋、竹麻鞋等工具，完成了数量庞大的边茶进藏任务，铸就了二郎山人负重自强、勇攀高峰、不畏艰辛的精神。

茶马古道陈列馆陈列馆内保存的茶马古道旧照 杨鑫 / 摄

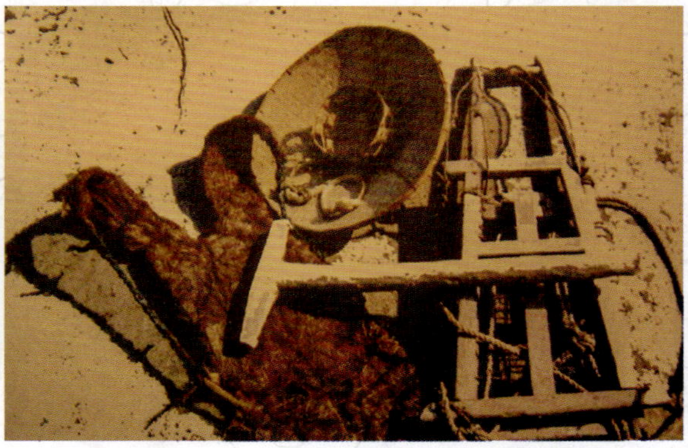
古道背夫用具：背夹子、垫背子、斗笠、拐子等 杨鑫 / 摄

小落村 付雅／摄

小落村

村落概况

小落村位于仁义镇东部，村域面积2.5平方千米，有42户165人，主导产业为种植业。

小落村的古村落位于黑石窝。唐禧宗时期，洋氏家族先祖高襄入川平叛后在天全定居，与同时入川平叛的将领杨端联姻，之后因政治斗争，杨端家族遭满门抄斩，遂改姓“洋”。其一支为避战乱和兵匪在元末明初迁入小落村黑石窝繁衍生息。

小落村在唐禧宗至元朝为杨土司统治。1729年隶属于天全州德盛村。1858年隶属于钟灵乡德盛村。民国初年隶属于天全县德盛乡。1949年属于天全县老场乡。1951年隶属于老场公社。1982年隶属于天全县老场乡。2019年撤乡并镇中隶属于仁义镇至今。

环境与民居

黑石窝古村落属于丘陵地貌，境内地势西北高东南低。村落民居依山就势修建，呈集中连片式分布，现有穿斗结构院落42套，其中四合院和三合院各一套。民居建筑结构多为人字水，青瓦屋顶，穿斗木结构，坐北朝南，以中间堂屋为轴线，左右对称，有三间或五间的。小落村民居的阶沿、院坝布局很有特点，堂屋正前的阶沿称大阶沿，宽窄不等，一般3~4米，可逢事设席。阶沿材质多以石料拼砌。阶沿外的院坝多以方形石板拼铺而成。

⊙**洋家大院**。建于清朝光绪年间，有120年历史，是一座严格按照川西民居风格建造的四合院，正房五柱四、两面环房为四柱。台阶和廊石为整石打造的条状石，最重的达数吨。窗棂雕刻多为五福临门、多子多福等，雕刻手法有镂、透、圆或兼而用之。

洋家大院 杨明江／摄

柱础 杨明江／摄

户对 杨明江／摄

文化与民俗

⊙**耍花杆**。为天全县独有的民间文化艺术，盛于明清。花杆为一根1.2米长的细竹杆，两头各打两个方孔，孔中系上铜钱，两端装饰绒线花。杆身用五色彩条缠绕。花杆表演人数不限，既可单人表演，也可多人同场演出。花杆队服色统一，装扮喜庆。表演者在锣鼓、唱曲的节拍中，边唱边跳，边歌边舞。唱词唱曲以山歌俚语为主，既有约定俗成的，也有因事应景改编的，多为恭贺、祝愿、送福等内容。表演者用花杆击打手掌、臂膀、肩部、腰、腿、脚等身体部位，通过跳、跃、转身等舞蹈动作和队形变化，引起铜钱有节奏的哗哗响声，欢乐的气氛随之而来。

花杆表演 刘祯祥／摄

前阳村

村落概况

前阳村位于新场镇，传统村落集中于原和平村，原村民32户182人。刘氏家族于清朝顺治时期迁入此地，因注重教育，出现一些文人雅士，修建起房屋、祠堂、寺庙，由正八品官员刘天顺于1875年在崔家坝选址捐资修建的丹灵山庙尚存。乾隆年间侯氏家族游官落户于此，村庄功能逐渐完善，现有传统建筑32套，多建于清代，部分保存完好，以侯德森“四合头”为典型。

原和平村先后隶属于和源乡、上前阳乡，2006年撤乡并镇后隶属于新场乡。2020年和平村在撤村并镇中合入新场镇前阳村。

侯德森四合头 杨明江 / 摄

侯家院子内的天壁雕刻 杨明江 / 摄

丹灵山庙宇 刘祯祥 / 摄

侯家院子内的石础雕刻 杨明江 / 摄

青元村

村落概况

青元村位于思经镇，幅员面积30.5平方千米，因青元宫而名。清代中晚期，依托青元宫集聚人口，逐步形成村落。民居建筑有一字形、三合院、四合院等。有174户611人，以茶叶、林竹为主导产业。

在春节、元宵、端午及喜庆之时，青元村人爱表演“船灯”。“船灯”之“船”，一般用竹、木制作，外表涂上色彩，并配以花束、彩带和彩灯等装饰物。“船灯”一般由三人表演，一人藏于船底操纵船只，另外一男一女在船头船尾表演，通过三人高度默契的系列化动作，传神地表现“江上行船”的艺术效果。中华人民共和国成立后在表演形式、参演人数等方面有所创新。

青元村民居 杨明江 / 摄

船灯表演 刘祯祥 / 摄

黍子村

村落概况

黍子村位于思经乡西北部，村域面积1.2平方千米，辖7个农村组，有130户688人。

村落始于明代，成于清代和民国。明朝末年（1644—1646年），张献忠部将张能奇进军雅州，天全土司高跻泰、副司杨之明联合抵抗，杨之明败亡，其贴身侍从李忠身受重伤，携家人六七口定居于此。因该地主产小金黄玉米（即玉蜀黍），故命名为黍子寨，后更名为黍子村。

⊙**李氏祠堂**。修建于1671年，经多次翻修，已逐渐改变原来的建筑风貌。

⊙**杨氏庙**。修建于1901年，位于黍子村4组，占地面积150平方米，原为东岳庙。清末民初，天全著名艺人李金一将荥经县杨氏庙中的杨氏将军木雕神像安放于黍子寨东岳庙，而此庙也因杨氏将军神像更名为杨氏庙。

杨氏庙 杨明江／摄 杨氏庙柱础二龙戏珠 杨明江／摄

李氏祠堂窗雕 杨明江／摄

李氏祖坟石雕 杨明江／摄

苏家村

村落概况

苏家村位于始阳镇西部，村域面积6平方千米，有158户586人。传统产业以茶叶种植和粮食生产为主。

苏家村在三国时期即有人在此繁衍生息。从后蜀开始进入土司统治。土司寓兵于耕、寓兵于茶，推行边茶种植加工，促进茶马交易。明末清初"湖广填四川"和雍正时期"改土归流"，村落从少数民族地区彻底变成汉族聚居之地。1912年隶属于义勇乡。1953年隶属于河源乡。2006年隶属于始阳镇至今。

苏家村传统民居群落 刘祯祥 / 摄

环境与建筑

村落选址依山而建，由南向北逐渐升高，民居沿村道分布在两旁，以坡道形式相连，遵循“负阴抱阳、背山面水”“前有照，后有靠”的风水理念。民居零星分布，主要以一字形、三合院为主，大多为青瓦屋顶、穿斗木架构，坐北朝南，以中间堂屋为轴线，左右对称。村内石板建筑极具特色，民居院坝宽阔明亮，普遍以石板铺路，或砌以石板围栏，石板路、石板桥、石台阶、石院墙、石磨房、石畜圈、石凳等随处可见。

苏家村四合院 刘祯祥／摄

雕花悬梁 刘祯祥／摄

⊙**茶马古道官道**。明代时当地地主刘范氏出资修建，用红砂石砌成。官道最早从鱼泉乡磨溪口一直修建到始阳镇三谷庄，原长4.5千米，现存官道较完整的只剩下76.8米、宽1.33米，石阶厚0.35米。

此官道是鱼泉通往始阳的重要交通要道。石梯上清晰可见当年背夫们背煤炭、茶叶经过此处时留下的拐子窝。

官道 刘祯祥／摄

芦山县传统村落

飞仙村
古城村
围塔村
双河村
胜利村
玉溪村
大同村
小河村

飞仙村

村落概况

飞仙村地处芦山、雨城、天全三县（区）交界的飞仙关。省道S308线和国道G318线、G351线在此交汇，距G4218线雅叶高速多功收费站2千米，川藏铁路由此经过。飞仙村村域面积16.43平方千米，森林覆盖率81%。有8个村民小组1470户5617人，以熊姓、姚姓为主。村民以种植业为主。

历史沿革

飞仙关古称“神禹漏阁”，亦称“飞仙阁”，素有“川藏线上第一关”之称。公路未通时仅凭栈道通过关门，关外悬岩峭壁，江流湍急，两岸刀削斧劈，相传只有神仙才能逾越，故名“飞仙关”。

唐宋时期，随着茶马互市兴起，熊姓、姚姓先祖定居于此，村落初步形成。明末清初，飞仙村作为茶马古道上的重要节点，鼎盛时期有100余户人家。1949年以后，部分村民开始翻新或新建民居，但仍保留着原有格局与风貌。1950年2月，飞仙关建制为乡。1958年9月飞仙撤乡与凤禾乡合并成立白家店人民公社。1961年分建飞仙、凤禾两公社，飞仙村隶属于飞仙公社。1984年撤销人民公社，飞仙大队改为飞仙村至今。

环境与布局

飞仙村传统村落空间塑造突出顺应自然、因山就势、保土利水、因材施工、保护自然的生态理念。借溪、沟、壁等坡地条件，形成集中型、组团型、带状型的村落布局。集中型以张家大院、姚家大院、二郎庙等多位中心，组织有序的空间结构，表达敬祖尊先，长幼有序的“礼乐文化”精神。组团型为多个宅区组团，随地形、道路、水系变化，以树、塔、庙等标志物为起点，以路、桥、树或牌坊、亭子延伸空间，以祠堂、庙宇、戏台等公共建筑和广场形成开放空间，以街、巷收敛和转折空间引向宅群的组合空间。带状型随地势和流水方向顺延或环绕成线形布局。

飞仙关 李依儿/摄

姜家大院悬梁雕花 李年龙/摄

主要建筑

传统民居多沿茶马古道而建。民居内及院落天井的地面、阶梯、踢脚以及滴水，都铺设青石板。祖辈在建村之际，就地取材，开采青石作为主要材料。青石质地坚硬，耐磨耐风化，表面纹路美观防滑，展现出建造先辈们的环保理念。

村内有建于明、清时期的古屋15幢，以姚家院子、张家院子为代表。均以庭院式为主，由一正两厢一个下房组成“四合头”，立面和平面布局灵活多变，对称要求并不十分严格。院内或屋后常有通风天井，形成良好的“穿堂风”，并用檐廊或柱廊来联系各个房间。民宅建筑多为木穿斗结构，斜坡顶、薄封檐，开敞通透，轻巧自如。外墙体多用高勒脚、半桩台，室内加木地板架空。民居建筑以冷色调为主，瓦为青色、墙为粉色、梁柱为茶褐色、门窗多为棕色或木料本色。

姜家大院内景 李年龙/摄

飞仙村姚和德民居为一四合院 李年龙 / 摄

飞仙村黄文辉民居 郑汝成 / 摄

民国时期建造的水缸，上书“大富贵亦寿考”家训 李年龙 / 摄

民国时期建造的水缸，上书“光明磊落，克己自强，忠恕接物，孝友传家”的家训 李年龙 / 摄

⊙**二郎庙**。民国《芦山县志》记载：“二郎庙在治东南三十五里飞仙关山顶。明初建立，记二郎显英王，秦将李冰子也。相传，疏凿离堆，避沫水之患，并扫除孽物。其功不下于禹，故庙祀之。”庙有正殿3间，两侧各有厢房3间，正殿对面有戏台。庙周竹树环绕，古木参天，环境清幽。20世纪20年代，每年农历六月二十四（传说为二郎神生日）庙会，天、芦、宝、雅、荥等县的人前来赶会，热闹非凡。

二郎庙 何斌 / 摄

⊙**飞仙关桥**。位于场镇西侧，为钢索吊桥，全长163米，桥宽4.5米，桥头钢柱高29米，是1950年至次年6月西南军区为解放西藏，保卫边疆而修建。桥头横梁上有时任西南军政委员会主席的刘伯承元帅题写的“飞仙关桥”桥名。时任十八军政委谭冠山对联。题联“发挥天才，发挥力量，战胜困难，创造人民幸福；一面进军，一面建设，解放西藏，巩固西南国防”于东岸塔柱。原西康省人民政府主席廖志高题联“劳动创造世界，飞仙天险何难客服；革命带来幸福，闭塞边疆从此繁荣”于西岸塔柱。

飞仙关钢索吊桥 杨明江 / 摄

文化与民俗

飞仙村历史文化资源丰富，国家级、省级、县级文物保护单位11处。

⊙**茶马古道文化**。飞仙关茶马古道遗址为全国重点文物保护单位。芦山境内的茶马古道在隋代已经开通。唐、宋以来，茶马古道于此分大路和小路，分别从荥经和天全进入康定。边茶入藏，无论走大路还是小路，飞仙关都是必经之地。至今保存有明代飞仙关南界牌坊、指路碑等古道遗物。

⊙**飞仙传说**。相传，古时飞仙村一个穷人家的小孩上山割草，捡到一颗红珠，藏于米罐中，发现罐中的米第一天取多少，第二天就会复原。从此不再向人借粮，四邻怀疑并以偷盗之名强行搜赃。小孩将红珠吞入腹内，立时口渴，喝水不止。母亲带他到青衣江喝水，孩子竟变成一条龙，顺江游走，因念其母而回顾，每一回头即成一滩，共二十四个望娘滩。其母也变一巨石立于江边。此龙为报复村民常闹水灾，李冰子二郎奉命擒拿，终将孽龙擒获。

茶马古道的石板路和石板墙 李年龙 / 摄

老君溪指路碑 李年龙 / 摄

茶马古道关口 何斌 / 摄

茶马古道县界牌枋 何斌 / 摄

古城村 何斌／摄

古城村

村落概况

古城村是从原邛崃县翻镇西山、过青龙关、到飞仙关茶马古道的重要节点。村域面积29平方千米。有户籍人口3453人，以骆姓和张姓为主，其中骆姓931人，主要居住在月光山、古城坪、环寺、土基沟、骆家岗和柒沿山；张姓549人，主要居住在张家沟、铜盆沟。村民以种植业为主。

历史沿革

元代时期，骆姓、张姓先祖因商贸流通到此经商，定居于此，村落初步形成。明清时期，商业繁盛，定居人口剧增，村落开始壮大。清末民初，设龙门乡古城村。1936年改龙门乡联保。1958年，乡改公社。1984年3月，公社改乡。2004年10月，升隆、隆兴二乡并入龙门镇，古城村隶属龙门镇至今。

主要建筑

村落建筑为川西民居风格。建筑造型朴素，单体设计简单，注重自然通风和遮阳，构造设计有防潮设施，门窗采用平开，有较好的密闭保温性能，具有修建简单、成本低廉的特点。

村内有建于清代和民国时期的古屋8幢，以张家院子、骆家院子、李家院子、高家院子等为代表。四合院建筑以庭院式为主，由一正两厢一个下房组成“四合头”。院内或屋后常有通风天井，用檐廊或柱廊来联系各个房间。民宅建筑多木穿斗结构，斜坡顶、薄封檐，开敞通透，轻巧自如。建筑的梁柱断面较小，外墙体设高勒脚、半桩台，室内加木地板架空。建筑色彩多以冷色调为主。瓦为青色、墙为粉色（或灰砖色）、梁柱为茶褐色、门窗多为棕色（或木料本色）。重点装修部分是小门楼，俗称“龙门（或门道）”，仍是以冷色调为主。

高家院子格窗 李年龙／摄

骆家院子窗花 李年龙／摄

李家院子 李年龙／摄

⊙**张家院子**。穿斗木结构建筑，建筑面积1080平方米。坐北朝南，建筑以冷色调为主，瓦为青色、墙为泥夹墙、梁柱为茶褐色、门窗为木料本色。院子设有地漏，泄洪设施完备。2012年以来，芦山县人民政府对张家院子及周边环境进行维修改造，修建了龙马广场等，成为与龙门古镇配套的旅游景点。

张家院子为四合院结构 何斌 / 摄

张家院子正门 何斌 / 摄

张家院子地漏 何斌 / 摄

文化与民俗

⊙**芦山花灯**。四川省三大花灯之一，起于北宋，兴于清代，至今仍流传民间。北宋时芦山花灯就已是“八月彩楼会”中的内容之一，史载“沿门讴俚曲”，“俚曲”便是北宋官绅对花灯的称谓。花灯受原始戏曲庆坛的影响，二者互相渗透，庆坛师多为花灯艺人，且庆坛活动中有“一折坛，一折灯”之说。芦山花灯融歌舞、演奏、故事情节、人物形象于一体。一般由一丑（花鼻子）一旦（幺妹子）表演，无固定程式，乐器有锣鼓、唢呐、胡琴、笛子，曲调相对固定，内容多表现简单的生活片断，颇受群众喜爱。花灯调融合山歌、庆坛、横筒筒（四句子）腔调及小调，形成独特音乐体系，短小抒情，幽默活泼。

芦山花灯表演

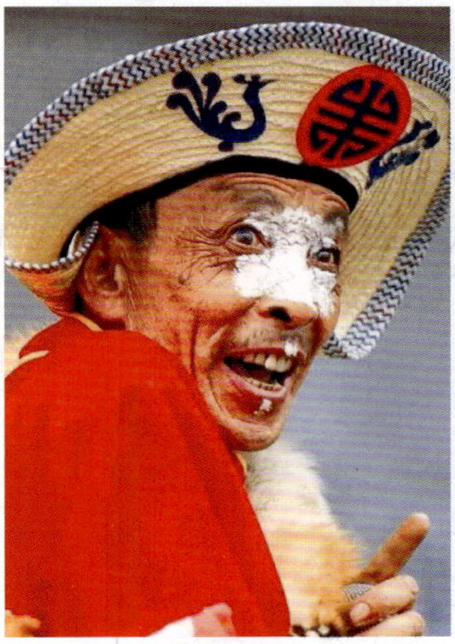

芦山花灯传承人裴体文

芦山花灯表演 周志坚 / 摄

围塔村 何斌／摄

围塔村

村落概况

围塔村隶属于双石镇。全村处在一个巨大的漏斗。围塔漏斗是世界上唯一有人居住的最大的漏斗。漏斗四周山脊海拔1450~1770米。漏斗长径6000米，短径2000米，深800米，容积96亿立方米，漏斗内有多处溶洞、还有倒流水、七十二峰、古树等自然景观。

围塔村的300户1014人，主要居住在围塔漏斗的中部平坦地带，有杨、马、骆、张、王、高、周、程八姓。其中杨姓200余人、周姓100余人，均居住在大师湾组和河心头组。马姓100余人，居住在大师湾组。骆姓100余人，居住在河心头组。传统产业以茶叶、水稻、玉米为主。

“围塔”，即围塔而建的聚落，至今已难觅高塔踪迹。据《芦山县志》《天全县志》记载，围塔村在明朝永乐年间为太平县的县治所在，管辖东至邛崃、西经碉门通往岚安的茶叶、食盐的运输道路。永乐年间改称“太平驿”。清代初期，太平县城毁于地震。清末民初隶属于天全县钟灵乡冷砧村。1926年起隶属双河乡。1953年成立围塔大队。1984年3月成立围塔村。20世纪90年代双石乡改为双石镇后，围塔村隶属双石镇至今。

主要建筑

围塔村处于漏斗内，农户依山傍水而居。民居建筑呈带状分布，形成“山—居—林—田”格局。民居建筑式样有一字形、三合院、四合院等。

⊙**民居**。围塔村有15座修建于清代的民居，其中马家大院、程家大院、骆家大院均有200年历史，保存较为完好。马家大院是三合院结构民居，堂屋为青瓦屋顶、穿斗木架构，以中间堂屋为轴线，左右对称，各分布7间房。程家大院是四合院民居，堂屋左右各8间房，1978年和2006年发生火灾进行了重建维修。

马家大院 何斌／摄

杨家大院内的牌匾“金萱永茂” 何斌／摄

程家大院 李年龙／摄

双河村老街 何斌 / 摄

双河村

村落概况

双河村是双石镇政府所在地，村域面积18.5平方千米，辖7个村民小组，共1232户3862人。双河村为典型的山区地形，森林覆盖率在78%左右，是绿色天然氧吧。西川河和石宝河穿村而过，居民房屋沿河两边狭长地带分布，主要有杨家组、老街、新街三个聚居点。

双河村最早居住的是少数民族，湖广填四川时外来汉族逐渐搬到此地。明末清初，属天全县钟灵乡冷砧村。民国15年（1926年）后，置双河乡。1951年1月划归芦山县，沿用双河乡名。双河村一直隶属于双石乡，20世纪90年代双石乡改为双石镇后隶属不变。

主要建筑

双河村传统民居主要为三合院、四合院，大多为人字水、青瓦屋顶、穿斗木架构，坐北朝南，以中间堂屋为轴线，左右对称，有面阔三间或五间的。村内保存有5幢清代古屋，以马家大院为代表。

⊙**马家大院**。为传统的穿斗式木结构四合院，建于清朝，距今已有近200年历史。马家大院坐西向东共2层，青瓦屋面，屋顶是人字形坡面。建筑300平方米，建筑材料为木料和砖块，门窗以木头制成。

马家大院 李年龙／摄

改造后的民居 李年龙／摄

胜利村

村落概况

胜利村位于太平镇，村域面积25平方千米，辖14个村民小组，有2089户5377人。主导产业为茶叶。

胜利村旧称太平场。建场初期只有十余家住户。清末民初时期，太平镇境域属天全县钟灵乡冷碛村。1926年设太平乡。1951年1月划归芦山县。2020年6月村级建制调整后，胜利村和春光村合并为胜利村。

村落沿太平河两侧分布，呈菱形，依附于太平镇街道两侧布局。村内有城隍庙、福寿桥及7幢清代民居。

胜利村老街 李年龙 / 摄

⊙**袁家大院**。为四合院结构民居，建于20世纪20年代，规模较大、雕刻精美。

袁家大院檐廊及雕刻
李年龙 / 摄

⊙**福寿桥**。始建于清初，咸丰二年（1852年）培修，为东西横跨太平河上之铁索桥，桥面由10根铁索连成，铺以木板，桥左右各由两根铁索上下连成扶栏，桥通长68.7米，宽1.55米，高6米。两端为石岸，均有垂带踏道，有三重檐五脊顶木结构桥亭，桥亭面阔三间6.6米。

福寿桥 杨明江／摄

⊙**城隍庙**。建于清嘉庆二年（1797年）。落成时立有一四方碑，碑上记载了太平兴场立市及修建城隍庙的经过。庙内有一对石雕狮子，雕刻工艺精湛，造形雄势，堪称艺术精品。

城隍庙 何斌／摄

玉溪村

村落概况

玉溪村位于宝盛乡东南部，村域面积18平方千米，森林覆盖率77.25%。辖4个村民小组534户1597人。主导产业为茶叶。

玉溪村在明正德前属芦山县，后属天全县六番招讨司。清末民初属天全县钟灵乡凤头村。1926年属宝盛乡。1951年1月划归芦山县。1958年乡改公社，设玉溪大队。1984年3月，公社改乡，玉溪村隶属于宝盛乡至今。

玉溪村境内山峦起伏，沟壑纵横，云雾、林海、茶园、小溪、人居交相辉映。村落依山傍水，沿山而建，顺河而居，布局错落有致。现有清代建筑6幢，均为川西民居风格。另有古桥、古墓、古树等，以寿相桥和高家古墓最具特色。

⊙**寿相桥**。原名鱼喜桥，跨芦山河，因洪水冲圮，清光绪二年（1876年）重建，更名寿相桥。桥长70米，宽1.5米。两端有桥亭，西岸有踏道，踏道旁有重檐五开间碑坊，上刻多幅戏文人物，规制宏丽。《中国古桥梁技术史》记载："四川芦山鱼戏河（玉溪河）寿相桥，桥建筑虽已破败，但风姿独存，想当年飞檐列楹，丹艘辉明，气象伟杰，当不下于泸定桥。""寿相桥"三字及对联，为清雅州知府黄云鹄题。

⊙**高家古墓**。为村内高氏家族的祖墓。墓门、墓枋雕刻保存完好，人物形象生动，有清末雅州知府黄云鹄题写的墓联。

玉溪村 何斌/摄

寿相桥 杨明江／摄

寿相桥碑 杨明江／摄

高家古墓 杨明江／摄

高家古墓墓门石雕 杨明江／摄

大同村 何斌 / 摄

大同村

村落概况

大同村位于芦山县城以北，隶属芦阳街道，村域面积22平方千米。村落分布8个村民小组1483户4621人。传统产业以种植业为主。

村落在汉代以前为青衣羌人领地，汉至隋归严道县管辖，隋末唐初曾一度隶属临邛郡，尔后归雅州府。明末清初，村落作为南方丝绸之路重要站点，在"湖广填四川"中吸引了一批人口来此定居，村落雏形基本形成。民国时期沿主要道路两侧修建了一些传统风貌建筑，多为木质结构。中华人民共和国成立后，村落内修建了一些现代砖混建筑。

主要建筑

大同村保存有5幢清代建筑，均为川西民居风格，以门窗、廊檐雕刻最具特色。土坯墙、石板路随处可见。

⊙**罗家大院**。罗家大院为芦山县现存清式木结构民居建筑中的典型之一。门前有一小溪和一小石拱桥。大院建筑面积190平方米，为两进式四合院结构，有大小天井各一。前院为小天井。正房面阔三间。左右厢房面阔两间。院西房基为卵石堆砌，石灰墙。后院正房面阔三间，左右厢房面阔两间。院内门窗雕花精美，保存基本完好。

罗家大院内景 何斌/摄

大同村民居 何斌/摄

小河村

村落概况

小河村位于大川场镇东北方向，村域面积150平方千米，有10个村民小组544户1947人。小河村原住民为羌族，“湖广填四川”时，现住民多为湖北省麻城县孝感乡迁来。民国期间实行保甲制。中华人民共和国成立后建村，2004年合村并组成为小河村至今。

村内保存有5幢清代民居，均为川西民居风格，以雍家院子为典型。

雍家院子 何斌 / 摄

雍家院子窗花 何斌 / 摄

民居窗花 何斌 / 摄

宝兴县传统村落

夹拉村和平藏寨

夹金山村

嘎日村

咎落村

夹拉村和平藏寨 夹金山村 嘎日村 咎落村

村落概况

硗碛藏族乡地处宝兴县北部，总面积948.12平方千米。有户籍人口5318人，主要以种植业和养殖业为主，传统手工艺有嘉绒藏族传统纺织技艺。硗碛藏族乡下辖夹拉村、咎落村、嘎日村、夹金山村四个行政村，其中夹拉村为中国传统村落，其余3个村落为四川省传统村落。

夹拉村村域面积180余平方千米，是硗碛藏族乡南大门。辖5个村民小组，348户1290人，90%以上为藏族人口，是典型的少数民族村落，其中和平藏寨被列入中国传统村落名录。

夹金山村（2020年前为泽根村）位于夹金山下，在G351线的主干道上。村域面积176平方千米，辖4个村民小组，338户1414人，藏族人口占95%。

嘎日村村域面积300平方千米，辖3个村民小组，有农户262户1064人，藏族人口占99%。

咎落村位于夹金山南麓，G351线旁，是硗碛藏族乡行政和旅游核心地段，辖3个村民小组，有430户1382人。森林覆盖率达90%以上。该村是世界自然遗产四川大熊猫栖息地的主要核心部分。

昝落村全景 杨明江 / 摄

夹拉村 高华康 / 摄

夹金山村藏寨 杨明江 / 摄

嘎日村藏寨雪景 郑汝成 / 摄

历史沿革

古代时期，硗碛藏族乡境域属穆坪土司。清朝时期，属遥济寨。民国18年（1929年）宝兴建县时置自公乡。1951年改硗碛藏族乡。1952年改硗碛藏族人民自治乡。1958年改硗碛藏族公社。1966年12月更名长征公社。1971年更名硗碛公社。1984年改硗碛藏族乡。

硗碛老街，华能宝兴河水库建成后搬迁到新场镇 郑汝成／摄

主要建筑

⊙**藏家锅庄楼**。为硗碛藏族乡的特色民居，和平藏寨的48户民居始建于清朝年间，距今约200多年历史。锅庄楼属方形石木结构建筑，大多是3层布局。底楼和二楼四周是石墙，石墙厚达两尺，墙缝用黏土填实，不仅坚固，还能起到保温、御寒作用。木格窗户内宽外窄，门口较低矮，具有雕楼的特色。底楼用于关拦牲畜或堆放农具等杂物。二楼布局颇为讲究，进门处是厨房，往里上几步楼梯进入厅堂，俗称“锅庄”房。其面积视整幢房屋大小而定，小则30平方米，大的60多平方米。厅堂正面设有装饰精致的神龛，供奉菩萨，神龛内两侧配有长明灯，以示菩萨庇佑，家业兴旺。厅堂后墙装有壁橱，存放餐具、零食。厅堂两侧是厢房和楼梯间，顶端横梁上悬挂特大的玉米苞和麦穗，象征五谷丰登。木制地板中央用石板镶成1平方米左右的火炉，用于取暖、煎茶、煨肉食。三楼是全木结构，正面和两侧配有环形走廊，内套5~9个房间，正中较大的一间是家庭经堂，作为家庭遇红白事时，请喇嘛来家做佛事的场所，客人不能随便进出。其余房间作居室和储藏室。四楼作粮、油、肉储藏室。视房屋建筑面积大小，屋顶正面由一组或多组3个三角形的拱架构成，观之如“众”字。门窗、栏杆、飘檐用红、黄、绿油漆调制粉饰，绘有奇花异草和珍禽瑞兽等图案，屋面是青瓦或特制杉板覆盖。

⊙**碉楼**。位于夹金山村。修建于乾隆平定大、小金川时期。穆坪土司王幺幺配合清军平叛，动员藏民捐金筹粮，组织匠人勘探地形，在扎角坝修建碉楼防御叛军，历时6个月，用石头泥巴砌起一个厚1.6米，长宽7米，高20多米的正方形四层碉楼，至今保存完好。

位于夹金山村的传统锅庄楼 杨明江／摄

昝落村的联排锅庄楼 张镜海／摄

雕楼 杨明江 / 摄

⊙**和平藏寨**。位于硗碛藏族乡夹拉村。在穆坪土司时期和中华人民共和国成立前一直称为幺堂子，藏名为巴扎寨，中华人民共和国成立后改为和平藏寨。幺堂子村寨是碛碛嘉绒藏族第一寨，也是宝兴县唯一保存完好的藏式村寨。寨中100年以上的锅庄房建筑有5~7户。整个村寨依山而建，座落在通风向阳的山梁缓坡上。建筑造型错落有致，色调明快，和谐统一，浑然一体，具有鲜明的地方色彩。

和平藏寨 杨明江 / 摄

和平藏寨百年以上的锅庄房

文化与民俗

⊙**多声部民歌**。氐羌文化与吐蕃文化融合的产物，流传于硗碛藏族乡。它以二声部为主，以“一人领，众人穿”为声部组合的基本形式。其领唱为男性，常在中音声部，由领唱把握旋律先起唱，穿唱声部推迟进入，两声部的唱词、节奏及曲调进行方向基本相同，属支声型和声结构，和声特点为四、五度音程重叠。“多声部民歌”是硗碛嘉绒藏族常见的一种音乐形式，是我国多声部音乐的重要组成部分。

硗碛多声部民歌走进央视《民歌经典》

⊙**天鹅抱蛋（嘉穹勒布坦）**。硗碛藏族群众喜闻乐见的传统体育杂技表演项目。一般在上九节表演。表演时，将四张大方桌重叠，其上矗立一卷放有簸箕的晒席筒。头戴面具的表演者翻上重叠的方桌，从晒席筒下端进入，从上端顶的簸箕出来，再把簸箕置于脚下，然后在簸箕中进行“天鹅孵蛋”的精彩表演。

天鹅抱蛋表演　郑汝成／摄

⊙**上九节**。硗碛藏族群众认为万事万物是天帝对人间的恩赐，天在藏胞的心目中极其神圣，至高无上。为表达对天的敬仰，便把农历正月初九称为“上九”而作为自己的节日，以迎接万物萌生，庆贺丰收，祝愿新年吉祥。“上九节”这天，硗碛街上有龙灯、牛灯和狮子灯表演，有二龙戏珠、二郎放牛、狮过独木、天鹅孵蛋、空中取宝等传统节目。上九节内容广泛，形式多样，具有浓郁的藏族传统文化特点。

上九节

⊙**硗碛锅庄**。锅庄，本是火塘里支撑铁锅、铜壶的石头或铁三角，人们跳舞时总是围绕火塘转圈圈，所以叫这种舞蹈形式称为“锅庄”。锅庄舞表演时无任何乐器伴奏，人们在高昂雄浑的民歌声中，围圈携手共舞，迈出洒脱、稳健、踏实的锅庄步伐，表现出藏族人民团结、敦厚、豪放、粗犷的性格。硗碛锅庄分为“呀隆切业”（男子跳）和“绒巴切业”（男女合跳）两大类。在不同的场合下，硗碛锅庄的唱词内容也不一样，大致可分为三种：一种是过春节和“上九节”时唱“哟不尔绒”（我要欢快起来了）；第二种是结婚时唱“没叶什给叶，叶给罗，冬吉拉涉阿布”（两颗珍珠今天串在一起，成了双的）；还有一种就是新房落成后唱：“干木什几绒布，多叶索什给得，干布什儿”（你家修了一座好房子，大家来庆贺）。跳“呀隆切业”时，动作交换较复杂，有左、右脚换跳、双脚齐踏、左右跪步单脚跳带转身、节奏重拍时躬腰蹲跳等，舞步给人以稳健、踏实之感。“绒巴切业”的动作和“呀隆切业”的动作差异较大，它有队形的多种变化，并加进了一些简单的踢踏步。硗碛还有一种白天跳的歌庄，叫做“卡热亚”（打麦子）。每年麦收后，硗碛藏胞就像过节一样，穿上新衣，带上酒和干粮，喜气洋洋地去打麦。打麦时两排男子相对而立，手持“连枷”，在男女混声合唱中，“连枷”此起彼落。无论是打麦者的推进和妇女们的扫麦动作，都伴着锅庄舞的节奏，使人很难分出这是舞蹈还是劳动，整个场面充溢着欢乐情绪。

硗碛锅庄在旅游活动上展演

⊙**转山会**。每年农历正月十七清晨藏族人民披红戴绿，从四面八方汇集在夹金山公园的喇嘛寺前的白塔焚香祈祷，喇嘛们将吉祥哈达和五色丝线围在村民们的胸前，或戴上手腕，为村民祈福。巳时左右，由家中父母健在的四个藏族小伙子在喇嘛的指挥下，从永寿寺内抬出未来佛“简巴”、肩扛经书，从龙神岗沿至硗碛街上游转一圈，再返回寺庙。沿途数千藏民加入。教徒们随行诵经，并向沿途两旁抛撒事先准备的糖果糕点等食物，任由行人哄抢。抢到食物的人预示着一年中平安吉祥，万事顺意。

藏家转山会 王富强／摄

荥经县

传统村落

新添村

齐心村

古城村

王家村

建政村

峡麓村

建乐村

田坝村

新添村

村落概况

新添村位于荥经县城北，村域面积近4平方千米，村庄占地面积约0.32平方千米，常住人口475人。传统产业以茶叶种植为主。2021年1月，新添村被评为“四川最美古村落”。

新添村是南丝绸之路的重要驿站，传说果亲王允礼护送达赖归藏时，从雅安到荥经，因路途较远，便在此新添一个驿站，新添站由此得名。民国29年（1940年）建新添乡时设新添村，先后隶属于复顺乡、新添镇。

新添村古镇、新居全景 段平武/摄

环境与建筑

山水环绕的新添村形似凤凰，散落的民居依山临水，与周围的自然生态浑然天成，原汁原味地呈现古朴的原始风貌，构成天人合一的意境。

⊙**新添驿站**。是茶马古道川藏路的一个重要驿站，起源于汉唐代南丝绸之路。驿站呈南北走向，街道长400余米，宽约5米，全用青石板铺成，几百户人家的青瓦房屋顶紧紧相连，由于街头小、街尾大，整个地形酷似葫芦，故有“金线吊葫芦”之说。

新添驿在鼎盛时期可供千余人吃住。兴盛店、万兴号、万鸿店、常升店、德盛店、荣华店是驿站的大店，面积达几百平方米，随着茶马古道衰落，曾经的大店历经沧桑而变为普通民房。

⊙**古街与店居**。新添村建筑多为前店后宅式，木结构、小青瓦。建筑群落依然保存完好，上百户人家的青瓦屋顶紧紧相连，登高俯瞰蔚为壮观。明清时期，这里农耕商贸发展迅速，店铺商号、手工作坊遍布全村。有丝绸布店、杂货店、铁匠铺、当铺、染坊、榨油坊、木匠店等。兴盛店、兴发店、复兴店、德胜店是其中代表。

新添老街 段平武/摄

兴发店和德胜店 杨鑫/摄

兴盛店

店居内院 王维富/摄

⊙**戏台和坝子**。中华人民共和国成立初期修建，共120平方米。屋顶为小青瓦，墙体为砖木结构，戏台前为公共活动空间。几十年前的赶场天，戏台上演大戏，敲锣打鼓之声让热闹的乡场更加喧嚣。如今，古老的戏台已没有锣鼓之声，戏台前的坝子成了古街上最大的晒场，秋收稻谷、玉米都在这里晾晒。

老戏台和晒坝 郑汝成/摄

⊙**平镇桥**。当年茶马古道上出入新添驿站的石拱桥，如今仍在使用。

平镇桥 朱含雄/摄

⊙**石磨**。以前把米、麦、豆等粮食加工成粉、浆的一种机械。最初用人力或畜力作动力，通常由两块圆石做成。磨是平面的两层，两层的接合处都有纹理，粮食从上方的孔进入两层中间，沿着纹理向外运移，在滚动过两层面时被磨碎，形成粉末。

石磨 朱含雄/摄

文化与民俗

⊙**打铁**。是荥经原始的民间工艺。铁器成品为当地传统农耕方式相配套的农具，如犁、耙、锄、镐、镰等，也有部分生活用品，如菜刀、锅铲、刨刀、剪刀等，此外还有如门环、泡钉、门插等。

铁匠铺 段平武/摄

⊙**腊月酒、长街宴**。自驿站建立以来的几百年中，每年腊月二十三，店铺掌柜们都要出资办迎春喜宴，俗称腊月酒，共二十四桌，寓意一年二十四节气生意兴隆，财源广进，降瑞纳福，和气生财。四个大菜，寓意四季平安，四通八达，四海来财，四世同堂。喜宴摆在大街上，也称长街宴。举办腊月酒时，邀请每户当家人参加，此俗一直持续到中华人民共和国成立前。改革开放后，群众自行举办长街宴，受到主流媒体关注。

长街宴 朱含雄/摄

依山而建的村落 郝立艺/摄

齐心村

村落概况

齐心村位于花滩镇西部，村域面积8平方千米，森林覆盖率73.4%。辖10个村民小组，有422户1354人。村落形成于清朝。2006年以前，齐心村村隶属于石桥乡。2006年，石桥乡与花滩镇合并后，齐心村隶属于花滩镇至今。主导产业为林竹产业。

环境与布局

村落选址背山面水，背靠米溪山，米溪河从村落前面流过。自然山水屈曲环绕，村落因山而增灵气、因水而聚活力。依米溪山构建高低错落的多层次的竖向环境空间，发挥自然通风、采光、日照、观景效益，构建出山水交会、情景交融的居住环境。

主要建筑

⊙**民居**。村落建筑以七星抱月、四星抱月、四合院等建筑为主。民居多以木结构穿斗为主，大部分房屋基础用青石雕刻砌成，门窗有雕花作衬。“七星抱月”是清代晚期建筑风格，体现了古时“正堂宽敞出贵人，堂屋有量不出灾”的建筑思想。

李家大院。李家大院是七星抱月建筑的典型代表之一。大院为清代晚期建筑。平面布局采用正中间布置一个大天井，代表“月亮”，沿大天井周边布置七个小天井，代表“星星”，若众星捧月，形成“七星抱月”的平面布局形式。整体建筑由龙门子、过厅、小天井、大天井以及正房、堂屋、厢房等组成。“七星抱月”以木结构为主，屋面盖小青瓦，屋脊和顺山均做瓦屋脊，屋面多为坡屋面。墙壁雕刻的图案分别代表“琴、棋、书、画”，还有人物故事、山水画和花草树木。门窗上的图案均刷金粉，给人以富丽堂皇的感觉。

七星抱月建筑群　黄刚 / 摄

李家大院内天井 杨明江/摄

李家大院正门 王维富/摄

李家大院悬梁雕花 段平武/摄

李家大院柱础 王维富/摄

风斗和拌桶 杨明江/摄

四合院民居 杨明江/摄

⊙**兴佛寺**。建于明成化十一年（1475年）。寺庙为四合院布局形式，占地2000平方米，共13间厢房。整个院落依山而建，周围绿树繁茂，环境清幽。寺庙坐北向南，呈长方形布局。寺庙所有建筑均为穿斗式石木结构。大殿柱子以石料为主，明间四内柱为整根石料凿成方柱。柱础雕刻戏剧故事，如“断机教子”“五台会兄”“三英战吕布”等，以及卷草、动物等图案。大殿平面呈矩形，为歇山式小青瓦屋面，梁架为抬梁结构。建筑面阔三间，多采用石质构件，20根柱子中，12根为石柱，且柱础为雕饰构件，上面的雕刻细腻而精致。正殿内佛像前的香炉，全为镂空雕刻。寺前有一石牌坊，为双层条石砌筑而成；整个建筑用料规范讲究，体型比例适中，并多有雕刻石构件。

佛兴寺正门及门前的牌坊 段平武 / 摄

兴佛寺正殿 杨明江/摄

雕花香炉 杨明江/摄

石柱及石雕　王维富/摄

兴佛寺古建筑上的雕刻　杨明江/摄

古城村 段平武/摄

古城村

村落概况

古城村是“严道古城”旧址所在地，隶属于严道街道，村域面积2平方千米，辖4个农村社（组），农村社（组）呈集中连片分布，现有543户1615人。该村曾为南丝绸和军事重地，其主导产业为种植业和砂器销售。

历史沿革

古城村是“严道古城”旧址所在地。公元前316年，秦在此设置“严道”（治所在古城村）。公元前312年，秦惠文王的异母兄弟樗里疾因战功显赫并从楚国夺取汉中而封爵于严道，号为“严君”。公元前306年（秦昭襄王三年），樗里疾被任为秦国相。公元前285年（秦昭襄王二十二年），秦设蜀郡，严道隶之。公元前223年，秦灭楚，迁楚庄王（公元前613—前590年在位，为春秋五霸之一）于此，因而严道又名“庄道”，直至东汉因避汉明帝刘庄之讳而停用此名。直至唐武德三年（620年）设“荣经县”，明洪武十三年（1380年），荣字改木从水，“荣经”设为“荥经”。1951年，古城村隶属于鹿鹤乡。1958年，古城村隶属于六合公社。2019年，古城村隶属于严道街道至今。

文化与民俗

⊙**严道古城遗址**。古城遗址地处中峻山下荥河南岸的第三阶地上，东距荥经县城约1.5千米。台地东西长900米，南北宽750米，高出荥河40米。南面为中峻山，北面陡坡下为青下坝，东面为打鼓溪，西面为经河陡坎。经河水从西南角向北又折向东，环绕古城坪流过，形成天然的沟堑，地理形势十分险要。现存部份古城墙遗迹且贯穿整个平坝，长约60米，用于防御外敌入侵。严道古城遗址2006年5月25日被国务院评为国家级重点文物保护单位。

严道古城遗址 郑汝成/摄

⊙**古墓群**。由曾家沟、水井坎沟、高山庙墓群组成。曾家沟古墓群于1977年发现3座秦汉木椁墓，出土器物27件，以漆器为主；1981年和1982年发现清理战国土坑墓6座，出土器物50余件，其中编号M16:1漆奁盒刻有“成草”二字，表明漆器制作产地应在成都。水井坎沟墓群发现于1981年，估计约300座，清理5座，为东汉古墓，出土器物51件，以陶器、铁器为主。高山庙古墓群发掘于2010年，清理战国、东汉10座墓葬出土器物449件（套），半两钱774枚；在雅安首次发现青铜钫、青铜斧，出土文物上还有“成亭”等字样铭文，对于研究荥经汉代文化具有极高价值。

古城村出土的青铜器 杨明江/摄

曾家沟出土的陶器

⊙**传统砂器制作技艺**。荥经县早在2000多年前已有砂器生产。荥经砂器以本地盛产的一种黏土和煤炭为原料，经过和泥、制坯、晾坯、烧制、上釉、出炉、打磨、抛光等程序，在1000℃以上的高温馒头窑中烧制而成。荥经砂器烧制一直沿用传统手工作坊生产方式，全部采用纯天然原料，制作古朴，做工精细，烧制考究，工艺要求极高。砂器产品集艺术性、实用性为一体，具有很强的收藏价值，被誉为“土与火的艺术”。2008年，荥经砂器烧制技艺被列入国家非物质文化遗产。2013年11月13日，国家质检总局批准对“荥经砂器”实施地理标志产品保护。

砂器传统制作技艺 陶雄辉/摄

荥经砂锅制作及成品 王维富/摄

王家村

村落概况

王家村位于荥河镇南部，村域面积11.8平方千米，辖7个村民小组，有823户1596人。村民以种植茶叶为主。

明末清初，王氏家族从湖广安德府麻城县孝感乡迁居于此。1935设王家村，隶属于王家垦。中华人民共和国成立后，王家村先后隶属于泗坪区、烈士乡，2020年隶属荥河镇至今。

王家村 段平武/摄

王家村全景 段平武/摄

环境与建筑

该村属于山地地貌，地形以丘陵为主。境内地势北高南低，至高点鄢山海拔950米，最低处荥河海拔850米，相对高差100米。村民小组呈散点状分布，有荷塘、古树、古墓、古建筑共15处。

村落民居多建于清代，曾有明清建筑28套，有修建于清雍正年间的王家祠堂和鄢家寺庙，为穿斗木结构，因年代久远，多已破损。20世纪上半叶修建的民居以坡屋顶土木结构为主。改革开放后开始出现砖混结构的现代民居。村内建于清代的王家大院具有一定特色。

王家大院 杨鑫/摄

王家大院的石础雕刻 杨鑫/摄

王家大院的窗格 杨鑫/摄

建政村

村落概况

建政村位于牛背山镇北部，村域面积274平方千米，森林覆盖率92%。辖6个村民小组，有296户925人，村民以杨、高、陈姓为主。村民以种植业为主。

1436年，蕃人先民在此聚居，形成村落雏形。清顺治十七年（1660年）隶属钦仁乡；民国时先后隶属于荥经县北区、新庙连保；1951年隶属于三合乡；2020年，村级建制调整后，与双林村合并，村名为建政村，隶属于牛背山镇。

古村落集中于黍子地。村民多集中于新房子（地名）、八行户（地名）。据《荥经县志》记载，1935年6月，红军长征途经建政村，毛主席警卫班长胡长保因保护毛主席牺牲于黍子地生基湾。近年来的民居改造中，注入红色文化元素，建政村成为爱国主义教育基地。

建政村 段平武/摄

建筑

村落民居依山就势，整体风格与地形、地貌契合。建筑多为一字形，三合院、四合院较少。村内有明、清时期的房屋7幢，均为木结构，青瓦屋顶人字水，四壁多用木板装成，窗户用木格，俗称窗格子。

建政村民居 段平武/摄

建政村民居 段平武/摄

峡麓村 朱含雄/摄

峡麓村

村落概况

峡麓村位于安靖乡西南部，与汉源县清溪镇毗邻，全村辖6个村民小组，含国有林村域面积54.6平方千米，不含国有林11.28平方千米，有318户718人，主要有祝氏、杨氏、陈氏、韩氏、王氏等几个家族，分布于茶马古街道两旁。

峡麓村自明朝起开始建村，至今有上千年历史。过往商旅、马帮、背夫在此驻足，汇集八方商客来此经商置业，逐渐形成村落。中华人民共和国成立前隶属清溪县（现汉源县），中华人民共和国成立后划归荥经县，成立凰仪乡，峡麓村隶属凰仪乡。2006年撤乡并镇，将凰仪乡划入安靖乡，峡麓村隶属安靖乡至今。

文化与民俗

⊙**茶马古道文化**。崃麓村是茶马古道以及南丝绸之路的主要交通要道，有2000多年茶马古道史，现有保存完好的凰仪堡、高石碑、相岭古道、小关口等茶马古道文化古迹。

⊙**凰仪堡**。为省级文物保护单位，是荥经至汉源茶马古道上的最后一个铺站。宋代开始，经此过往的官员、商旅、背夫都须在此留宿，以便于翌日翻越大相岭。凰仪老街分为上街、中街、下街。街道均为六尺官道，全由石板铺就，后改造为水泥街面。街道两边为木结构房屋。古街内的天顺店是当时最大的客栈，为四合院木质结构，可同时容纳上百人歇脚。

凰仪堡老街 杨明江/摄

凰仪堡旧照 王维富/供图

⊙**大相岭古道遗址**。大相岭又称邛崃山，是荥经县、汉源县的交界山，也是四川盆地和西昌谷地的天然屏障。大相岭古道蜿蜒在大山之间，险峻而崎岖。背夫们在凰仪堡歇脚后，第二天早上翻越大相岭。经过二台子、小关、大关、金鸭滩、板房、蛮坡子、长老寨、草鞋坪，到汉源县的羊圈门、清溪。此路曾为官道，商旅、马帮、背夫过往频繁。小关是翻越大相邻的第一关，关口设于山坳处，是历代官府在此检查茶叶贸易所设的关口，故称小关。

小关口

大相岭古道遗址

⊙ **重修大相岭桥路碑**。清朝光绪时期重修大相岭桥路的石刻碑，又名高石碑。位于峡麓村金鸭滩电站东南500米。该碑坐西北向东南，碑身高2.82米，宽0.97米，厚0.09米。2013年，《重修大相岭桥路碑记》被列入第七批国家重点文物保护单位（茶马古道）。

重修大相岭路桥碑

建乐村

村落概况

建乐村位于民建彝族乡北部，村域面积4.6平方千米，辖5个村民小组，有404户1484人。村民主要种植茶叶。

清嘉庆年间，翁朝栋定居于此，开发铜矿，人口渐增，至清道光年间形成村落。民国时建乐村先后隶属于荥经县北区、荥河联保、荥河乡五保。中华人民共和国成立后先后隶属于民建乡、烈士乡等。改革开放后，自发迁移到此的彝族人口逐渐增多。2006年建立民建彝族乡时，建乐村隶属于民建彝族乡至今。

建乐村 段平武/摄

环境与建筑

村落北高南低，一坡到底。东靠塔子山，南临荥河水。民居建筑多座北朝南，依山傍居，不受山崩水淹的影响，便于农耕。村内有潘院子、翁院子、过厅头等建筑，以翁家大院为典型。

⊙**翁家大院**。该院分老院子和新院子两处，均由翁朝栋修建于清嘉庆年间，老院子现已基本废弃。新院子为“七星抱月”结构，起初由1个大天井和7个小天井组成；清道光年间人口增多，扩建了6个小天井，共13个天井，翁氏一家共居于大院内。1951年土地改革，周姓、李姓等入住。后随着有的农户儿大分家迁出，老房少有维修，大院已基本拆除。翁家大院体现农耕时代家族团结的人文理念。

翁家院子 杨鑫/摄

翁家大院悬梁雕刻和石础雕刻 杨鑫/摄

翁家大院窗花 王维富/摄

田坝村

村落概况

田坝村位于宝峰彝族乡西北部，村域面积1.8平方千米，辖5个村民小组，有298户1171人。田坝村先后隶属于天宝乡、宝峰乡。2006年，由于迁居至此的彝族群众较多，成立宝峰彝族乡，田坝村隶属于宝峰彝族乡至今。田坝村主导产业为茶叶种植和加工，有茶叶3000余亩。

清初“湖广填四川”时，杜氏家族来到这里，发现此地有山有水，土地肥沃，地势平缓，能避战乱，适宜长久居住，便留居此地，繁衍至今。

田坝村传统民居集中于杜家院子（地名），至今保存有清朝民居17幢，以陶院子最为典型。

陶院子 杨鑫/摄

陶院子的悬梁雕花 段平武/摄

陶院子的柱础 杨鑫/摄

彝族新寨 段平武/摄

《史记》中关于严道铜山的记载

文化与民俗

⊙**邓通铸钱**。田坝村背靠宝子山，相传为西汉邓通铸钱之地。《史记》载："汉文帝赐邓通蜀严道铜山，得自铸钱。邓氏钱，布天下。"至今宝子山尚存一些开采铜矿的坑洞，山坡上还留有大量的矿渣。宋代李石有诗云："多少金钱满天下，不知更有邓通城。"民国17年（1928年）版《荥经县志》载："矿洞、矿苗，比比皆是，今洞密如蜂房。乾嘉盛时，不下数十百厂，近虽衰落，尚有厂十余。"

开采铜矿的矿洞，有的深达五六百米，其中尤以青杠坡、丝栗坡最为古老

汉源县传统村落

民主村

富民村

天罡村

古路村

平等村

民主村

村落概况

民主村是九襄镇镇区主要组成部分，村域面积1.46平方千米，总人口11035人。民主村建制始于汉，兴盛于明清，清康熙年间汉源街开场奠定了汉源街茶马古道重要关口的地位，至今有600余年历史。

九襄老街位于镇区南部，是九襄老城区的中心，北起梨城东路，南至石牌坊，传统村落规划保护范围1.46平方千米，规划区以发展农业，水果、蒜薹等经济作物和生态观光旅游业为主。

环境与建筑

民主村择址极为讲究。村落背靠泥巴山，前有流沙河流蜿蜒经过，对面有远山呼应。九襄老街周边山体围绕，农田纵横，形成山、水、田、村的景观和青山绿水果树林的自然生态格局。村落建筑顺应地形而建，整个村庄由汉源主街向外展开，街巷恰似鱼骨状。随着人口增加，老街周边修建了许多现代建筑。老街内古建筑以穿斗式木结构为主，主体材料为土、石、砖等。建筑均以一至二层为主，屋顶采用青瓦屋面。建筑类型有临街商住建筑和合院式建筑两类。临街商住建筑通常为二层，临街一侧为商铺，商铺后为厢房及后院，部分建筑的二层有出挑的晒台，二楼及后院作为居住用房。合院式建筑一般以三合院居多，由正房、东西厢房组成U形院落，院门设在正面或侧面，部分院落带天井。

九襄老街鸟瞰 郝立艺/摄

⊙**九襄老街**。遗存了明代、清代、民国、中华人民共和国成立初以及80年代以后等不同时期的建筑，为西南山地传统民居风格。明清历史古建筑包括石牌坊、栅子门，以及王家院子、陈家院子，范家院子等传统院落。有省级文物保护单位1处，重点历史建筑7处，构筑物1处。

九襄老街雪景 卫志均/摄

九襄老街 郑汝成/摄

⊙**栅子门**。已有百年历史，为拱形石门。原为汉源街入城城门，是汉源街的标志性建筑，保存较好。以前栅子门前有一座亭子供来往客商休息，亭上悬挂南北两匾，上书“洪源古郡”“汉源春色”。现今栅子门上还保留着“九襄镇”三个大字。

栅子门 郑汝成/摄

九襄老街民居 胡德勤/摄

民居檐柱雕刻 胡德勤/摄

⊙**范家大院**。曾经是黄烟丝加工厂。厂房外设有灯杆，为南来北往客商照路。至今有一通“万年灯石碑”，上书“西贤街乃通往泸城之大道”。范家的烟草、川茶、米油、烧酒也从这里运往康定。原为陕西会馆，为陕西人的政治、文化活动中心。现为九襄镇老年协会，建筑风貌发生了较大变化。

范家大院 胡德勤/摄

“十全会”旧址 姜锦/摄

⊙**“十全会”旧址**。光绪十九年（1893年）由李步瀛等在九襄组成“培植十全会”。民国22年（1933年）创办习艺所，招收贫苦人家子弟免费学艺并供给食宿。民国35年（1946年）正式成立“汉源县私立救济院。”中华人民共和国成立后先后，为中共汉源县委员会驻地、九襄文化馆、汉源县群众川剧团，现为九襄文化站。

⊙**王家院子**。为大地主王万仙的私宅，是汉源街保存最完整的老宅之一，清朝年间汉源拔贡黄体诚修建。当年院落为两进院，多被拆毁。建筑内部空间狭小，但门当、窗棂上的雕刻的雕刻精美。

王家院子 姜锦/摄

⊙**源源铺**。汉源街有名的黄烟铺。掌柜原籍福建，乾隆年间移民于此，到第五代陈笃生时，已是汉源街屈指可数的富豪。1945年，在老屋后面重建一幢三楼一底、中西结合的高大建筑，为汉源街标志性建筑，三楼上有陈笃生撰写的对联："相岭维峻，呈秀于前，回头顾祖，望儿孙慎终追远，勿忘闽海；大渡澄波，旋绕于后，白手起家，教子第积厚流光，允式黎源。"

源源铺 崔心怡/摄

九襄石牌坊　冉闯/摄

⊙**九襄石牌坊**。位于九襄老街的最南端，是第七批全国重点文物保护单位，建于清道光年间。牌坊高约11米，宽约10米，面南背北，共4层，呈3间门洞形，中门宽大，侧门略小。支撑牌坊的4根大石柱，前后两面有8尊威武的雄狮，每尊雄狮的身上还各跨着1尊慈善肃穆的菩萨或古佛。牌坊的一二层上雕刻有48部传统川剧戏曲的169个精彩场景，以“忠、孝、节、义”为主题，人物鲜明、雕工精湛，是研究清中叶戏曲、绘画、建筑、民俗等方面的珍贵资料。

文化与民俗

⊙**汉源彩塑**。创始于清光绪年间，是本地民间艺人曹继武自创的手工彩绘泥塑艺术，以现场人塑“真容”最为出名。后由其孙曹润洪发扬光大，技艺融会贯通，题材涉猎丰富。猫、狗、观音、财神、寿星、弥勒佛等是通常表现题材，尤以《西游记》《三国演义》《说唐》中的人物较多，也有不少现代题材作品。汉源彩塑为家族式传承，现为四川省第二批非物质文化遗产。

富民村

村落概况

富民村位于汉源县清溪镇，是清溪镇政府所在地，已经有1500多年历史。村域面积约1.77平方千米，村落沿着内部道路呈“井”字形布置。富民村常住人口655户1708人，主要集中生活在文庙老街。传统产业为大樱桃和蔬菜种植。

古城墙包围的富民村全景 郝立艺/摄

历史沿革

富民村是茶马古道、盐道、南方丝绸之路的交汇点，是古丝绸之路上的重要驿站。富民村为历代县治之所，设置最早在隋代，先后在此设置登州和汉源县。唐朝先后在此设置登州、汉源县和黎州。五代时期仍在此设黎州，宋末在此设汉源郡，元朝先后在此设黎州和黎州长官司。明代设置黎州安抚司和大渡河守御千户所。清代一直设置清溪县，清溪古城达到鼎盛时期，当时的城内有9街18巷，文、武衙署，学署，考棚，文庙，祠宇等28座，牌坊、楼、亭18座。南来北往的商贾川流不息，有“小成都”之称，城内有松鹤店、富顺店、天宝店、上下德胜店等大小旅店30余家。民国设置汉源县。1949年，汉源县解放，县政府由富民村迁往九襄镇。

清溪古城北枕圣钟山，地势险峻，历为守边重地，有“建昌道上小潼关”之称。唐代，清溪为黎州安抚司城，西川节度使韦皋筑为土城，将清溪建为清溪道起点，以节制大渡河以西和以南的54个羁縻州，防御吐蕃、南诏入侵，为屯兵储粮军事指挥驻地。明初，成都右卫千户朱正改筑砖石城。

威尔逊1908年拍摄的清溪古城 李依凡/供图

环境与建筑

富民村地处泥巴山南的缓坡台地上，地理位置独特，春夏流行东南风，有“风城”之称，与雅安的雅雨、西昌的建昌月共称为“清风雅雨建昌月”。

富民村背倚大相岭，位于高山河谷地带上，村落三临绝涧，其东侧和西侧各有一条河流经过，曰东门河、西门河，皆自北向南而流，后交汇于南门绝壁之下。

城门洞 胡德勤/摄

村落沿内部道路呈“井”字形布置，纵向布局北至武安门，南至108国道，沿正街展开，两侧10到30米不等，横向布局沿上营盘街、下营盘街、火药局巷、文庙巷、横街、珠市街展开，沿街道两侧10到30米不等，东至原城墙边界处，西至108国道。

富民村今貌 冉闯/摄

古街和门店　胡德勤/摄

古街　陆仁泽/摄

古街和门店　李雪梨/摄

古街和门店　胡德勤/摄

四合院民居　王主玉/摄

李家旅店　王晓波/摄

⊙**清溪文庙**。该庙始建于1799年，重建于1870年，是目前西南地区保护完整的木质结构的古建筑群。由万仞宫墙、棂星门、泮池、戟门、钟楼、大成殿等组成。

文庙正门和万仞宫墙 郑汝成/摄

文化与民俗

⊙**茶马古道文化**。富民村是茶马古道上沈黎道的重要节点。沈黎道连接四川盆地和康藏地区，汉源境内起自大相岭，经清溪、九襄、富林，涉流沙河，翻萝卜岗至火厂坝，沿大渡河而上，过泸定至康定，此路唐时称“唐番路”。清康熙三十九年（1700年），另开辟清溪道，县内起自清溪，经富庄、宜东、三交，翻飞越岭到泸定而进入康定，此道比沈黎道近数十千米。旧时雅州所产边茶，大部分由此道运销康藏，故称茶路。1950年，川康公路通车后逐渐废弃，但古道遗迹犹存。

茶马古道遗址羊圈门段 任卉明/摄

天罡村 廖仕林／摄

天罡村

村落概况

天罡村位于宜东镇镇区北侧，为宜东镇镇区主要组成部分。村域面积12平方千米，辖10个村民小组，有976户2570人。主要产业为水果、花椒。

历史沿革

天罡村早在秦汉时期，就成为汉、藏、彝族人民友好往来的要驿，唐高宗凤仪二年（677年），由黎州分置飞越县，后废。四川节度使王建，为节制沈、冷土司筑三交城，并设驿于宜东，因土多遇雨成泥而名“泥头驿”，清康熙年间，以宜开集且位三交之东，设宜东场，并置佐署，天罡村自此建立，至今有六百余年历史。民国时期，宜东场改宜东镇。1949年，设宜东乡。天罡村一直是宜东镇（乡）政府所在地。

天罡村最早有人类活动可追溯至唐朝在此设立换马场，村落有人固定聚居于清康熙年间。村落最初有陈氏、曾氏两户人家，由于此处是雅州府进入藏区官道上重要的一处驿站，作为茶叶进入藏区的集散中心，逐步有各类茶店、骡马铺及各类服务设施等聚集于此形成规模较大的商贸中心，云南、贵州、陕西、山西等省商贾均在宜头驿设立馆号。

村落坐落在流沙河东岸的二级台地上，整体呈带状布局。

主要建筑

天罡村有重点保护建筑5处，均在百年以上；历史建筑9处。古民居建筑形式为干打垒，以木结构为主，采用穿斗式木构架结合土、石、竹编墙面建造。村落内有部分清代建筑，以三合院及临街商住为主，三合院一般由正房、左厢房、右厢房组成。临街商住楼由临街商铺、后院及二楼住宅组成，屋顶采用青瓦屋面，受地形条件限制，商铺后为吊脚楼式建筑，底层用于圈养牲畜，平层作为杂物储存。

天罡村老街 胡德勤/摄

干打垒吊脚楼 郑汝成/摄

⊙**陈家大院**。天罡村内形制保存较为完好的一处院落，为四合院形式，始建于清代乾隆年间，距今已300多年历史。院落坐北朝南，一正房两厢房。院落风貌为土墙青瓦，高瓴飞檐，外墙不留窗户，屋檐设计精巧，体现五岳朝天、四水归井的建筑特点。

陈家院子 姜锦/摄

陈家院子大门 姜锦/摄

窗花 胡德勤/摄

房梁 姜锦/摄

⊙**罗家院子**。为三合院结构，采用穿斗结构和土墙结合建造，是天罡村内较有特色的一处院落。该院落西南侧设有碉楼一座，作为瞭望、防御之用。整个大院除西北侧新加建了一处二层砖房外，院落保留较为完整，院落内建筑构件、石板铺地及大门等均保持原有状态，受其他干预较小。除院内二层砖房现在有人居住，院内其他建筑均空置。

罗家院子及雕楼 胡德勤/摄

罗家大院雕刻 冉闯/摄

⊙**护国桥**。为大户人家陈氏出资修建。桥长11米，宽6米，采用两块长约7米的完整石料打造而成。两侧石制护栏做工精美，护栏四角分别雕刻走兽、青狮、麒麟和白象。西南侧建有土地庙一座。桥拱北侧雕有龙头，南侧为龙尾，桥拱内写有“永存万古”四字。

护国桥和龙头雕刻 胡德勤/摄

护国桥 李依凡/摄

⊙**五省庙**。由清代、民国时建筑组成。民国时期来自云南、贵州、四川、湖南、湖北的客商集资在清代寺庙南侧修建商贸会所1处，包含3栋建筑及戏楼，兼具交易、休闲、会谈功能。因是5个省份客商修建，故名“五省庙”。

五省庙 冉闯/摄

文化与民俗

⊙**茶马古道文化**。天罡村最早为古黎州茶马司所在地，从唐高祖武德八年（626年）设换马场。唐肃宗至德元年（756年）实行榷茶制，设立茶马司。经历唐、宋、元、明、清五个朝代1285年。清康熙三十八年（1699年）果亲王入藏，经飞越岭，度形势之要，利商贾之旅，开飞越之道（原有牦牛小道）。至此，原有进藏大道改为经清溪—富庄—泥头—飞越岭—沈村—泸定—康定，在沿途设置驿站，称为官道。几乎雅安所有的大茶号，包括义兴、天兴、恒泰、聚成、孚和、永昌等都在此设有分号200余家。这些分号都不销售茶叶，只是负责茶叶转运。

当年从雅安出发的茶背子到了宜东，就算告一段落。背夫们在雅安结算的运费称为“上脚”，到宜东就可以领“下脚”了。茶包从宜东运至康定，由分号重新雇请背夫。即使是直接背到康定的，仍须在宜东分号办理转运手续，以防茶叶丢失。从宜东到康定，背夫往返一趟需13~15天。在康定城一直流传着这样一句谚语：“背不完的宜东镇，填不满的康定城。”

背夫的生活非常艰苦，但仍苦中作乐，背夫们创作传诵了众多的“口溜子”，道出了沿途的艰辛。

一出门来灯杆坝，关顶上坡坡最难爬；马刨石有条大骡马，大弯头的豆花光渣渣；高桥有个李幺大，做的馍馍卖得下；钉子坪过了三脚坪，含泥沟的豆花哄死人；陡坎子的坡坡不要怕，一步一步慢慢爬；三道桥上松一下，伏龙寺的铺盖像铁巴；说到翻山谁不怕，五更鸡叫就出发；人人穿上脚码子，冰雪泥泞都不滑；一手提着丁子拐，杵路歇气全靠它；掌拐大哥真不假，五十一步总不差；沿途拐窝酒杯大，杵在窝里才不滑；上七下八平十一，一步一步走稳啦；“哒哒”两声信号下，“踢踢、哒哒”回应他；“汗圈”刮水如注，想要小解站稳哈；起身跟着脚印走，才不踩入石旮旮；热天翻山浑身汗，冷天风雪迎面刮；男人看妻心不忍，爹妈望儿泪眼花；一声“慢点”心已碎，无力照管你和他；转弯磨角到晌午，阿弥陀佛上山垭；筋疲力尽喘口气，玉米馍馍啃两刹；化林坪的伙号大，盐水溪坡坡路满沙；龙八堡才能把工耍，木瓜沟又去蘸豆花；最怕路过佛耳岩，脚下大河上飞沙；一步不稳滚下去，看不到一点人渣渣；冷碛场头歇一下，城子坡坡最难爬；破碉房花生抓一把，幺塘子烧酒冲满花；甘露寺坪坪松口气，吃几个桃子润嘴巴；挖角十里到大坝，皂角岭过去金泽花；过了沟就是安乐坝，远望桥上有点怕；泸定魏瘸子有点假，上桥就是几响刷；打住小路人不说话，打着大路人骂他妈；勒紧裤带赶快走，咱里过了山路差；小烹坝过了大烹坝，冷竹关仙人掌遍地插；瓦斯沟进去日地坝，生杭的店子大家夸；东关进城把茶交，急急忙忙转回家；还清交头算一下，只买几斤玉麦砂。

孚和茶店旧照

古路村

村落概况

古路村位于永利彝族乡东南，村域面积14.1平方千米，有6个村民小组共425人，彝族占95%。传统产业为种植业，出产优质核桃、板栗、花椒等。

古路村一直隶属于永利彝族乡。永利彝族乡明代时为松坪土司千户地，清嘉庆十九年（1918年）划归峨边厅，1956年划归汉源县置永利彝族乡，1958年改人民公社，古路村为四大队，1985年更置永利彝族乡古路村至今。

数百年前，因为家族争斗，古路村人的祖先一路逃亡至大渡河大峡谷核心地段的悬崖绝壁上，就地取材建造房屋，过着与世无争的生活，被称为“悬崖上的村庄”。

古路村建筑多为土木结构。“5·12”“4·20”地震灾后重建，按照统一规划，就地取石材、泥土作为建筑原料，整体风貌仍保持古旧风格。

悬崖上的古路村和大渡河峡谷 卫志均/摄

古路村民居 冉闯/摄

古路村二道坪民居 冉闯/摄

古路村放马坪民居 廖仕林/摄

⊙**骡马道**。以前古路村的人要到外边去，只有一条崖上的山路。陡峭之处用木棍做成梯子，连木梯也不能搭建的地方则用藤绳。下山时，村民从山里采来粗藤，一端拴树桩上，拉着藤子往下移，稍不留神就会坠入陡崖。20世纪60年代修筑成昆铁路时，工程队用钢板在“一线天”处焊起一道道钢梯子，古路村人结束了在树藤上“荡秋千”出行的历史。2003年，政府出资，村民出力，在绝壁上凿出一条长约3千米、宽1.5米、垂直高度近1000米的悬崖路，人称“骡马道”。

骡马道 杨明江/摄

⊙**古路村索道**。2016年建成跨越峡谷的索道，连通古路村和马坪村。索道跨度约780米，距峡谷底部垂直高度约760米，以往需要走两三个小时才能爬上“斑鸠嘴”，现在只要3分钟就能飞越。

古路索道 李依凡/摄

平等村 冉闯/摄

平等村

村落概况

平等村是河南乡政府所在地，村域面积82平方千米，辖7个村民小组，有317户1022人。传统产业为种植业，出产花椒、核桃、李子、苹果等。

历史沿革

平等村古为交通枢纽，是建昌道和灵关道的主要驿站。早在秦汉时代，就是汉、藏、彝各族人民频繁交往之地。中华人民共和国成立前属越西县。明代万历年间设河南驿，清代设平夷堡，中华人民共和国成立后划归汉源县，改名平等村。2021年村级建制调整大湾村与平等村合并，沿用平等村。平等村传统村落集中在原大湾村。大湾村原为光荣大队，1981年以驻地大湾命名。当年司马相如从这里到云南，赞叹道：此处山宁水静，如世外桃源。

环境与建筑

平等村地形以山地丘陵河谷为主，有宰骡河流经本村。村落依山傍水而建。民居均为木架结构，多为一层，建筑材料为木材、石块、泥土。门窗为木雕、无装饰。

老街 王主玉/摄

民居 王主玉/摄

民居 冉闯/摄

⊙**烟雨廊桥**。清光绪三十三年（1907年），一名姓沈的官员路过河南，见宰骡河波涛汹涌，拨款新修河南站、八里堡、平夷堡廊桥，从此马帮背夫不再受水患之害。1950年3月，国民党王伯骅残部将廊桥烧毁。西昌战役胜利后，乡政府组织民工协助解放军新建了廊桥。因雨季时常看到廊桥与雨、雾交融，若海市蜃楼，故称“烟雨廊桥”。

烟雨廊桥正面 王主玉/摄

烟雨廊桥侧面 李依凡/摄

万安桥 陆仁泽/摄

石棉县传统村落

猛种村猛种堡子

猛种村木耳堡子

猛种村俄足堡子

江坝村蟹螺堡子

大湾村银锭虎堡子

猛种村

村落概况

猛种村位于蟹螺藏族乡松林河谷，与甘孜藏族自治州九龙县接壤，是石棉县木雅藏族最大的聚集地。明代中后期，木雅藏族从甘孜地区开始进入这一区域，形成最早堡子雏形，隶属于四川行都司越嶲卫邛部长官司。清代时属越嶲厅松林地土司所辖“四十八堡”的“上八堡”地区，隶属于四川省建昌上川南道宁远府越嶲厅邛部宣抚司。1911—1952年隶属于越西县。1952年隶属于石棉县至今。猛种村拥有中国传统村落3处，分别为猛种堡子、木耳堡子和俄足堡子，3个堡子的居民全为木雅藏族。

木雅藏人为党项羌后裔，唐代时被称为“弥药”，明清时被称为“西番”。猛种村的木雅藏人大约明代中后期从甘孜地区迁徙至此，来时无姓。清末后开始使用汉姓，目前有王、姜、罗、沈、陈、吴等17个姓氏，其中王姓最多，有200多人。语言属汉藏语系藏缅语族藏语支，县域内的木雅语只有语言而无文字，而藏文只在宗教人士中使用。木雅人信仰藏族的原始“苯教”，体现于一些民俗活动中。

绣花妇女与民居 吴迎霞/摄

⊙**猛种堡子**。位于猛种村二组高山山坳地带，海拔1800余米。为典型的原生态木雅藏族村寨。建筑顺应山势而建，形成高低错落的形式。房屋集中建设于缓坡中心，古树分布四周。村落前期为团状散布形态，形成“林—居—田—路”的格局。有56户207人。该村为农业村，主导产业为种养殖业。木雅藏族一年一度的“晒佛节”在此地举行。

猛种堡子 周万任/摄

猛种堡子民居 周万任/摄

猛种堡子民居 吴迎霞/摄

⊙**木耳堡子**。位于猛种村一组，建于洪坝河北侧地势相对平坦的的木耳山腰上，四面环山。房屋朝向注重向阳通风。房屋与房屋之间是原始未硬化的小巷，小巷的尽头为绿油油的山冈，堡子西面隔木耳沟与猛种山上的猛种堡子相望。海拔1700米，占地2000多亩。有42户172人。村民以种植业为主，辅以饲养牲畜。

木耳堡子 吴迎霞/摄

木耳堡子民居巷道 吴迎霞/摄

木耳堡子民居 吴迎霞/摄

⊙**俄足堡子**。位于猛种村五组，海拔2020米。东、西、南三面环山、北面为陡峭的悬崖，与下方洪坝河有600米的高差，易守难攻。堡子选址于高山上一块平缓的坝子。周边农田土地肥沃，宜农耕。背后的大山上分布有大牛场和小牛场，与俄足人半农半牧的生活习惯相适应。堡子面积68平方千米，辖5个农村组，有190户935人。有“云中仙堡”之称。主导产业为种养殖业。

俄足堡子 周万龙/摄

俄足堡子民居 吴迎霞/摄

俄足堡子民居 吴迎霞/摄

⊙**“晒佛节”**。晒佛节是整个石棉县木雅藏人最为隆重的节日。晒佛节在本波教佛祖“东巴西勒”的诞生日，即每年冬月十五左右举行。这一天，猛种堡子会将珍藏的画有“东巴西勒”的两幅大唐卡展开，举行盛大祭祀活动。两幅唐卡通高4米，宽2.5米，展开时并排悬挂，坐北朝南。唐卡的制作年代为清代，产权属于猛种堡子木雅人共有。晒佛节要举行两天，第一天在保存有其中一幅唐卡的吴正清家念经作法，告慰佛祖明天将会祭拜他，并为堡子举行驱邪仪式。第二天才是“晒佛”，由本波先给村民招魂祈福，太阳初升时，开始请神、展佛、祭拜、祈愿、还愿等仪式，直到下午3点左右结束。晚上举行跳“什结拉布”舞仪式。

⊙**原生态歌舞**。蟹螺乡被四川省文化厅批准为第三批省级民间文化艺术之乡，木雅、尔苏藏族歌舞之乡。木雅藏族是能歌善舞的民族，看到什么或想到什么都喜欢用歌声表达出来，藏族人民喜欢边唱边跳，歌舞中体现了生活中的场景。在亲朋好友聚会饮酒时唱《祝酒歌》，娶亲时唱结婚歌《那满素》、祝酒歌《乌泽儿恶阿》，欢迎客人唱《那瓦儿那》，背水唱《若奇歌》，丧葬时唱《嘛咪歌》。近年来，石棉县民间艺人参加中央电视台《民歌中国》的演出。雅安市首部大型民族风情歌舞诗《石魂》第二章《嘛尼堆·晒佛》展示了木雅藏族晒佛节的全景。木雅藏族以刻石累堆记述自己的文化与历史，并祭祀祖先。舞台上，天门请佛、晒佛和 “求子繁衍”等场景和木雅山歌一一展现，将观众带入了古老的木雅文化秘境。

大型民族风情歌舞剧《石魂》剧照

江坝村 大湾村

村落概况

江坝村和大湾村位于蟹螺藏族乡，均为尔苏藏族。江坝村的蟹螺堡子为中国传统村落、大湾村的银锭虎堡子为四川省传统村落。

⊙**蟹螺堡子。**位于江坝村五组。三面环山，四周高中间低、南高北低。境内山峦重叠、山势陡峭、地表崎岖、岭高谷深。堡子有78户254人，尔苏藏族人口204人，有王、黄、唐、杨、汤、姜、朱、苏8姓。种植的农作物主要有土豆、玉米、黄豆、萝卜等。蟹螺堡子原属清代松林地区土司所辖“四十八堡”的“下八堡”之一，1952—1953年成立蟹螺堡子互助组。1977年江坝村细化3个生产队为6个生产小队，蟹螺堡子为第5小队。1981年1月成立蟹螺藏族乡时为江坝村第5队。第二次土地承包时改为第5村民组，或简称蟹螺藏族乡江坝5组，沿用至今。

蟹螺堡子 周万龙/摄

蟹螺堡子村落原建在溪沟西侧的山坡上，自1981年后陆续搬到蟹螺沟中居住。现在分成两片，即坡上的老堡子和坡下溪沟东侧坝地的新居民区，称老堡子和新堡子，共有41幢传统民居。

蟹螺堡子民居建房过程保留了上梁、动土、下石、搬柴、热灶、安家神等众多习俗。建筑以石木为主，个性鲜明，石巷、石房、石瓦、石墙——这犹如露天的石生态博物馆。石房墙垣全由石块砌成，先用大石块砌底层一周，再用石块粘土找平，然后层层垒砌。墙基最宽，至上层逐渐减薄，墙截面为梯形。石头房除横檩用木材外，其余的都是石块。墙体全用方块石料或不规则的石块垒砌而成，房顶则盖以切割整齐的石板。宅前留有开阔地，石屋底层为牲畜圈，二层供住宿起居，第三层放粮食和供神。石房的门窗较小，可抵御外来侵略和防小偷。这样筑就的房屋坚固耐用，美观大方，冬暖夏凉，且取材方便。

蟹螺堡子民居 吴迎霞/摄

老民居 吴迎霞/摄

蟠螺堡子雕楼 吴迎霞/摄

蟠螺堡子民居 张家宁/摄

⊙**雕楼**。蟠螺堡子的标志性建筑，有300多年历史。长16.1米，宽8.06米，高10.1米。碉楼共四层，一层关牲畜、二层住人、三层用于放经书和萨巴从事法事活动、四层堆放粮食，每一层用木板隔开。在第三层楼的外墙上有放置白石和经书的木板，这是尔苏藏人每户人家都有的“白石崇拜”。它的特别之处，在于其墙体以天然片石垒砌，靠木板为墙筋支撑四层的墙体，除了朝院内的一面墙外，其余三面均无窗户，细看，可见一个个高一尺、宽半尺的成梯形的枪眼镶嵌在墙上。朝院内的那一面墙上，房门开在二楼这座碉楼，战时是工事，平时是民居，存储着历史、军事、文化等多方面的信息。

⊙**银锭虎堡子。**位于蟹螺藏族乡大湾村，东以安顺乡为界，西与田坪村接壤，南接江坝村。村域面积23平方千米，辖4个村民小组，有284户756人。有藏、彝两个民族。传说以前堡子后山森林里面有一只老虎，每年都要吃一个人，打又打不到它。后来有一个商人来到这里，这老虎便要去吃他，这个商人情急之下随手掏出一块银子砸向老虎，老虎便消失得无影无踪，再也没有出现过。这里的人就叫这个地方“银锭虎”，也就是用银子打老虎的意思。银锭虎堡子建在地势较高、平坦开阔的地方，共有39幢传统民居。

银锭虎堡子 吴迎霞/摄

银锭虎堡子民居 吴迎霞/摄

银锭虎堡子民居 吴迎霞/摄

文化与民俗

尔苏藏族是我国藏族人口较少的一个分支，尔苏文化在江坝村保存较为完整，其歌舞、饮食、节庆、民居都具有地域特色。民族学家研究认为，尔苏藏族属于历史上西夏时期党项羌的后裔，南迁后进入康巴藏区，在宗教上皈依藏传佛教。经过千百年历史的洗礼，现尔苏藏族文化里有藏族的根基、羌族的影子、纳西族东巴文化的精髓。

⊙**古扎子**。即“环山鸡节”，尔苏语称之为“古扎子”，汉语叫作“烧袱纸”，也称“放山鸡”。“古扎子”有敬山神、祭祖先、敬先烈以及庆丰收、祈年、过年等意思。蟹螺堡子时间是在每年农历八月初九至十三日之间，银锭虎堡子是农历八月十三日至十七日之间。按尔苏生肖推算的方法，自初九至十三日，五年一轮，一般持续三天三夜。尔苏藏人的“古扎子”主要在蟹螺堡子举行。活动内容包括晒佛、白山鸡祭祖、喇嘛诵经、跳锅庄、吃杆杆酒，其中晒佛是重要祭祀活动。石棉县的“环山鸡节”有别于西藏、康巴藏区的传统节日，如祭祀只用白色山鸡、保留原始的苯教舞蹈和古历法等。节日当天，每户准备好三匹肋巴的腊肉、一坛酒、一碗米饭、一个鸡蛋、一碗糌粑、新鲜水果等，将其全部盛于一簸箕内。一大早，全堡子以吹海螺为号催人上山，各家听到号声后，由主家男人将盛满供品的簸箕用头顶到集合地“弄作莫”，然后由全村最有威望的长者带路，按迁居的先后顺序依次排队上山祭拜祖先。

蟹螺堡子村民欢度环山鸡节

《母虎历书》 周万任/摄

⊙**母虎历法**。居住在横断山脉大渡河流域的尔苏藏族的古老历法书，是尔苏藏族的瑰宝。尔苏语称为“嘎希布”，意为“算日子书”，民族学家称“母虎历书”。银锭堡子的尔苏藏族老人苏明文珍藏有一本，为其世代相传，主要用于尔苏藏人测算祭祀、建房、乔迁新居、婚嫁、丧葬、动土、祈福、出行、迁徙、栽种的最佳日子。该历书长约27厘米，宽约13厘米，基本完整。绘制年代大约为清代中期，材质为藏纸，书上各种神秘的动物图画和象形符号是用多种矿物颜料所绘。据推测为“萨巴”（尔苏藏人对民间法师的特殊称谓）所绘。

⊙**尔苏木雅藏族刺绣技艺**。是石棉县到尔苏、木雅藏族世代相传、活态传承的非物质文化遗产，主要分布在木雅尔苏藏堡中。刺绣的针法多采用架花（挑花）、十字挑花、斜形交叉十字针等，按布料的经、纬下针，针脚精湛，挑缀严谨，组图美观，但是工细费时，常以小型挑缀为主。大都是反映现实生活中的自然景物、植物、动物、人物等。在传统手工技法和色彩运用上有着鲜明的地域特色和民族风格。

尔苏藏族妇女在刺绣 周万任/摄

参考文献

[1] 胡彬彬. 中国村落史[M]. 北京：中信出版集团，2004.

[2] 韩霞. 中国古村落[M]. 北京：中国商业出版社，2014.

[3] 《亲历者》编辑部. 中国古村图鉴[M]. 北京：中国铁道出版社，2015.

[4] 四川省建设委员会，四川省勘察设计协会，四川省土木建筑学会. 四川民居[M]. 成都：四川人民出版社，2004.

[5] 雅安市志编纂委员会. 雅安市志[M]. 北京：方志出版社，2020.

[6] 知府曹抡彬纂修（乾隆四年），雅安市地方志办公室校注. 雅州府志[M]. 雅安，2006.

后　记

这是一本汇聚雅安传统村落精华的书籍，也是第一本宣传、介绍雅安传统村落的书籍。通过大家共同努力，得以付印面世。

雅安是川藏茶马古道的发端，48个传统村落中，60%以上的村落留下了古道印记。雅安是民族走廊，汉、藏、彝的先民们在这里交融生息，遗留下特色独具的村寨。雅安又是传统农业区，农耕文明植根于民风民俗、村落选址和建筑理念之中。

雅安的传统村落，如一颗颗承载着历史和文化的明珠，散落在大山深处、丘陵田筹、溪谷河畔，书写了昔日的繁华和兴盛，凝聚着先民智慧和创造。但是，随着工业化进程和城市化发展，经济社会结构正发生着重大变化，农村人口日渐减少，特色民居逐渐湮没，传统村落亟须保护和传承。为此，雅安市政协将传统村落历史文化调查研究和保护利用工作列为2023年度工作重点之一，开展广泛调研、挖掘整理和编研工作，形成《雅安传统村落》一书，以存史资政，留存记忆，留住乡愁。

本着“走进雅安传统村落，挖掘自然人文价值，揭开古老神秘面纱，促进乡村旅游振兴”的宗旨，编辑部的同志广泛查阅资料，分类归纳整理，尽量将每个传统村落的特色呈现给读者。为让读者对雅安传统村落有一个整体认识，专门编写了《雅安传统村落漫谈》，系统介绍了雅安传统村落的形成与演变、环境与布局、建筑、文化以及保护传承与利用。书中以区县为单元，重点介绍了21个中国传统村落的村落概况、环境布局、民居建筑、民俗文化；由于篇幅所限，对四川省传统村落只作有侧重的特色介绍。

编撰工作启动以来，各县区政协鼎力支持，全力组织图片拍摄，用镜头记录下一个个村落、一幢幢民居的历史印记；并在资料提供、文稿把关等方面做了大量工作。雅安市文体旅游局、雅安市民宗局，雅安市地方志编纂中心，雅安融媒体中心、雅安市非遗中心、雅安市及各区县摄影家协会提供了大量资料。在此，我们一并表示衷心的感谢！

由于时间仓促，本书从2023年3月全面展开图片拍摄征集、文字撰写工作，到2023年8月30日定文定图，只用了不到六个月时间；由于我们的专业水平和编撰能力有限，我们深感还有许多不足和遗漏，在专业性和可读性、科普性和文史性的结合上，仍值得进一步商榷。在此，敬请各位读者谅解，并提出宝贵意见。

《雅安传统村落》编辑部

2023年11月